AI와 제조 기업의 지속 성장

인공지능총서

인공지능 시대입니다. 기계가 인간의 인지를 대신하고, 사물이 인간을 통하지 않고 다른 사물과 직접 커뮤니케이션합니다. 이에 따른 인간 삶과 문명 변화를 정확히 이해·예측·대응하는 것은 이 시대 우리 모두의 과제입니다. 인공지능총서는 인공지능 기술과 환경의 여러 주제를 10가지 키워드로 정리합니다. 관련 개념과 이론, 학계와 산업계의 쟁점, 우리 일상의 변화를 다룹니다. 인간과 기술의 현재, 미래를 세심히 분석합니다.

일러두기

- 인명, 작품명, 저서명, 개념어 등은 한글과 함께 괄호 안에 해당 국가의 원어를 병기했습니다.
- 외래어 표기는 현행 어문규정의 외래어표기법을 따랐습니다. 다만 '딥러닝', '딥마인드', '딥페이크' 등은 관행을 따랐습니다.
- 2011년 독일 하노버 메세에서 인더스트리4.0을 발표하고 WEF에서 4차 산업혁명은 이미 시작되었다는 2015년 선언 이후 관련 서적과 35년간 제조 경험을 기반으로 작성했습니다.
- ≪FA저널≫ "박한구 AM(Autonomous Manufacturing) 칼럼"에 매월 기고하는 내용의 일부를 인용했습니다.
- 제조업의 인공지능 솔루션 도입 기준과 개발 방법론은 제조 기업의 임직원 입장과 이를 개발, 사업하는 스타트업의 입장에서 작성했습니다.

처음이세요?

전문가세요?

AI와 제조 기업의 지속 성장

박한구

대한민국, 서울, 커뮤니케이션북스, 2024

AI와 제조 기업의 지속 성장

지은이 박한구
펴낸이 박영률

초판 1쇄 펴낸날 2024년 9월 13일

커뮤니케이션북스(주)
출판 등록 2007년 8월 17일 제313-2007-000166호
02880 서울시 성북구 성북로 5-11
전화(02) 7474 001, 팩스(02) 736 5047
commbooks@commbooks.com
www.commbooks.com

ISBN 979-11-288-9971-3 03500

책값은 뒤표지에 표시되어 있습니다.

차례

제조업을 먹고 있는 AI vii

01 기업의 지속 성장 조건, AI 1

02 AI가 고질적 문제의 해결사 13

03 AI 도입과 경제적 효과 25

04 가치 사슬 기업 간 협업 생산 AI 35

05 디지털 트윈 공장과 제품 AI 47

06 새로운 가능성을 여는 생성형 AI 57

07 AI 솔루션 도입 기준 69

08 제조업 CEO의 준수 사항 79

09 AI 스타트업 CEO의 준수 사항 89

10 AI와 조직 문화의 벽 101

제조업을 먹고 있는 AI

"왜 소프트웨어가 세상을 집어삼키고 있나?(Why Software is eating the world?)" 유명한 벤처캐피털 앤드리슨호로위츠(Andreessen Horowitz)를 창립한 마크 앤드리슨(Marc Andreessen)이 2011년 ≪월스트리트저널(The Wall Street Journal)≫에 기고했던 글의 제목이다. 그런데 이후 10년도 채 되지 않아 2019년 8월 29일 ≪포브스(Forbes)≫에는 "소프트웨어가 세상을 집어삼켰다. 이제는 AI가 소프트웨어를 집어삼키는 중이다(Software Ate The World, Now AI Is Eating Software)"라는 기사가 실렸다. 이 기사의 제목처럼 AI가 모든 일의 기반이자 중심이 되는 시대가 도래했다.

마크 앤드리슨은 "소프트웨어가 다양한 산업 분야에서 점점 더 중요한 역할을 하게 되며, 결국 모든 산업을 지배하게 될 것"이라고 예측했다. 그의 주장은 현재까지도 많은 관심을 받고 있으며, 실제로 소프트웨어와 AI가 기업과 산업을 변화시키고 있다. 앤드리슨은 또한 AI에 대한 오해를 바로잡기 위해 7000단어 분량의 선언문 "AI

가 세상을 구할 이유"를 발표했다. 그는 AI가 사람을 죽이고 싶어 하지 않으며, 기계일 뿐이라고 설명했다. 또한 AI에 대한 공포를 과장된 것으로 보며, 기술적이고 과학적 접근이 필요하다고 조언했다. 앤드리슨의 주장은 현재의 기술 발전과 산업 변화를 이해하는 데 도움이 되는 관점 중 하나다. 소프트웨어와 AI는 우리의 일상과 비즈니스를 혁신하고, 미래를 모델링하는 데 중심 역할을 하고 있다.

AI는 이미 우리 사회 전반에 현저한 영향을 미치고 있다. 이러한 영향은 미래 일자리와 일하는 방식에도 많은 변화를 불러올 것으로 예상된다. 특히 2023년 생성형 AI인 ChatGPT가 공개된 이후 작문과 이미지 생성 등 분야에서 생성형 AI 기술이 인간과 대등한 수준으로 서비스가 가능하다는 것을 체감하게 되면서 AI가 인간의 일자리를 위협할 것이라는 불안감이 다시 커지고 있다. 소프트웨어와 AI는 현재와 미래의 기술 발전에 큰 영향을 미치고 있다.

첫째, 산업 변화와 효율성 향상이다. 소프트웨어와 AI는 제조, 물류, 건설 등 다양한 산업 분야에서 혁신을 이끌고 있다. 자동화한 프로세스와 데이터 분석으로 생산성을 향상하고 비용을 절감하게 한다.

최근에는 소프트웨어 정의 제조(SDM, Software Defined Manufacturing), 소프트웨어 정의 자동차(SDV, Software Defined Vehicle)의 패러다임으로 전환되고 있다. 이는 공장 설비, 길거리의 자동차 등 다양한 물리적 계층과 소프트웨어 계층을 완전히 분리해 어느 메이커 자동차든, 어느 공급사의 설비든 관계없이 모든 소프트웨어가 쉽게 하드웨어를 자율 제어하고, 데이터를 공유해 새로운 가치를 창출한다는 개념이다. 예를 들어, 스마트 제조에서는 공장의 물리적 계층, 즉 공장 설비에서 측정하는 IoT(Internet of Things) 센서와 소프트웨어 계층에서 데이터를 수집 · 저장해 빅데이터 분석 · 활용하는 것을 완전히 분리하는 것이다. 소프트웨어로 다양한 물리적 계층인 생산 라인을 최적화하고 결함을 사전에 예측할 수 있다.

둘째, 소프트웨어 개발과 AI의 협업이다. 소프트웨어 개발에서는 AI가 개발 수명 주기를 재편하고 있다. AI는 코드 생성, 버그 감지, 테스트 자동화 등에서 도움을 준다. IT 엔지니어는 AI의 잠재력을 활용해 소프트웨어 개발 환경을 형성한다.

셋째, 개인화와 의사 결정 지원이다. AI는 개인화한 경험을 제공하고 의사 결정에 도움을 준다. 예를 들어,

추천 시스템은 사용자의 취향에 맞는 제품을 추천하며, 의료 분야에서는 진단과 치료를 지원한다. 공장에서는 AI가 모니터링, 분석, 판단하고, 운전자는 최종 의사 결정과 신속한 조치를 한다.

넷째, 윤리적 고려와 사회적 영향이다. AI는 일자리를 대체할 수 있고, 데이터 프라이버시와 공정성 문제를 일으킬 수 있다.

미래에는 AI가 더욱 중요한 역할을 하며, 우리의 삶과 사회의 변화를 이끌 것이다.

AI와 인간의 협업

AI와 인간의 협업은 현재와 미래의 기술 발전에 중대한 영향을 미치고 있다. 최근 AI는 독창적인 글쓰기, 예술 작품 창작, 아름다운 음악 작곡 등 창작의 영역에서 놀라운 능력을 발휘하고 있다.

1980년대에 시작된 데이비드 코프(David Cope)의 EMI(Experiments in Musical Intelligence) 프로젝트는 AI와 음악의 초기 시도 중 하나로, 클래식 작곡가들의 작품을 분석하고 그들의 작곡 패턴과 규칙을 학습해, 이를 바탕으로 새로운 음악을 창작하는 AI 시스템을 개발했다. 이 프로젝트의 목표는 인간 작곡가들이 사용하는 창작 방식을 AI로 재현하는 것이었다.

AI는 광범위한 창작적 역량을 가지고 있으며, 자율 생산, 자율 주행, 로봇 탐색, 자연어 처리, 이미지 생성 등 다양한 분야에서 활용된다. 예술 작품, 음악, 텍스트, 컴퓨터 프로그램 작성 등에서 AI는 인간과 협업하여 새로운 가치를 창출하고 있다.

그러나 AI와 인간의 협업은 기회와 함께 위험도 수반한다. AI 도입은 일자리 붕괴, 급격한 변화, 교육적 도전 과제를 초래할 수 있지만, 동시에 엄청난 기회를 제공한다. 개인과 기업은 이러한 도구를 적극적으로 받아들이고 협력해 더 건강하고 부유하며, 의미 있는 미래를 만들어 낼 수 있다.

AI와 인간의 협업에 영향을 받는 산업

AI와 인간의 협업은 다양한 산업 분야에서 큰 영향을 미친다. 몇 가지 주요한 영향을 살펴보자.

우선은 제조 및 스마트 팩토리다. AI는 제조업에서 스마트 팩토리를 구축하고 생산 프로세스를 최적화하는 데 활용된다. 자동화한 로봇, IoT 센서, 빅데이터 분석으로 생산성을 향상하고 비용을 절감할 수 있다.

다음 영향은 전문가 분야다. 의료, 금융, 회계, 법률 등 전문가 분야에서도 AI 기술이 활용된다. 의사 결정 지원, 진단, 예측 분석 등에 AI를 적용해 업무 고도화를 이룬다. 민원 처리, 재난 안전 대응, 편의 증진 등 공공 서비스 분야에서도 AI가 혁신을 촉진하고 있다. AI 도입에 따른 일자리 상실, 프라이버시 침해, 윤리적 문제의 논의도 진행 중이다.

현재 정책과 규정으로 이러한 부정적 영향을 최소화하고 긍정적 발전을 끌어내기 위해 노력하고 있다. 인간과 AI의 협업은 산업과 기술의 발전을 위한 중요한 전제 조건이며, 우리의 미래를 형성하는 데 큰 역할을 한다.

AI가 미래의 일자리에 미칠 영향

AI 기술의 발전은 일자리에 다양한 영향을 미친다. 이는 복합적 측면에서 고려되어야 한다. AI가 일자리에 미칠 영향은 일자리 대체와 신규 일자리 창출이다. 일부 전문가들은 AI가 반복적이고 정형화한 업무를 자동화해 일자리를 대체할 것이라고 예상한다. 제조업, 회계, 고객 서비스 등에서 AI와 로봇 기술의 적용이 확대될 것이다. 그러나 AI는 새로운 비즈니스 모델과 산업 분야를 창출하며 새로운 일자리를 만들어 낼 수도 있다.

일자리의 성격도 변화시킬 것이다. AI 기술로 업무의

효율성을 높이고, 창의적이고 전략적인 결정을 내리는 데 인간의 역할이 강화될 것이다. 고도의 전문 지식과 창의력을 요구하는 직업에서 인간의 역할이 중요해질 것이다. 따라서 인간은 재교육으로 기술 역량을 갖춰야 한다. 개인은 AI 관련 기술을 습득하며, 대인 관계 기술도 함께 갖춘다.

AI 기술의 발전으로 윤리적 문제와 규제의 필요성이 더욱 강조되고 있다. 미래 일자리를 위해 AI 기술에 대한 이해와 준비가 필요하며, 적극적 대응과 지속적 학습이 중요하다.

자율 제조는 양질의 일자리 제공의 시작

자율 제조는 수작업을 먼저 자동화하는 것에서 시작해 스마트화까지 양질의 일자리를 제공하는 길이다. 우리나라 제조 기업은 친환경 제품을 경제적으로 생산하고 제조 경쟁력을 향상하며, 탄소 규제에 따른 통상 압력을 극복하기 위해 자율 제조를 추진한다. 자율 제조는 기계, 로봇이나 AI를 활용해 제조 공정을 자동화하고 최적화하는 개념으로, 생산성을 향상하고 경쟁력을 강화하며 지속 성장의 기반을 마련한다.

자동화는 작업자의 개입을 최소화하고 로봇이 스스로

제품을 조립하고 검사하는 등 다양한 작업을 수행하는 것이다. 데이터 기반 의사 결정은 센서 데이터와 빅데이터를 활용해 생산 과정을 모니터링하고 최적화하며, 생산 라인을 신속하게 재구성하거나 다양한 제품을 생산할 수 있는 유연성을 제공한다. 이러한 자동화된 공정은 일관된 품질을 유지하고 결함을 최소화해 품질을 향상한다.

자율 제조의 경제적 이점은 초기 투자 비용을 상회하는 많은 혜택이다. 생산성 향상, 인력 비용 절감, 품질 향상 및 유연성 증대가 그 예다. 자동화된 공정은 생산량을 늘리고 생산 시간을 단축하며, 인력 비용을 절감하고, 일관된 품질과 결함의 최소화로 불량률을 낮춘다. 또한 다양한 제품을 생산하거나 생산 라인을 조정할 수 있는 유연성을 갖춘다.

자율 제조는 제조업 분야에서 혁신적 변화를 불러오며, 기업은 이러한 기술과 개념을 적극적으로 채택해 경쟁력을 강화할 수 있다. 이를 추진하려는 기업은 작은 프로젝트로 시작해 점진적으로 완성하는 장기적 실행이 필요하다. 지능형 제조 환경, 제조 데이터와 AI의 결합, 소프트웨어와 알고리즘 체계 개발, 그리고 민간 투자와 정부 지원이 필요하다.

지능형 제조 환경은 생산의 유연성을 극대화할 수 있는 환경으로, 제조 설비들이 생산방법을 학습하고, 다른 설비 혹은 인간과 협력하며, 주문 · 설계 · 생산 · 유통물류의 전 과정을 스스로 계획한다. 제조 데이터와 AI의 결합으로 디지털 트윈(Digital Twin)과 같은 지능형 생산 방식을 구현할 수 있으며, 소프트웨어와 알고리즘 체계 개발로 자율 공장의 시스템 통합과 자동화를 실현할 수 있다. 민간 투자와 정부의 연구 개발 지원이 뒷받침된다면 자율 제조 시장을 선점할 수 있다.

우리나라 많은 제조 기업은 여전히 노동 집약적 공정을 유지하고 있으나, 자율 제조로 이를 극복할 수 있다. 정부와 협력해 자동화 기계 설계에 필요한 PLC 프로그래밍, 메커트로닉스, CAD 및 3D 모델링, 안전 규정 및 산업 표준, 산업용 통신 및 네트워킹, 프로젝트 관리와 문서 작성 능력을 갖춘 시스템을 구축하는 것이다. 자동화는 작업 속도와 생산량을 높이고, 반복 작업을 신속히 처리하며, 안정된 품질을 제공하고, 사람의 실수를 최소화한다. 또한 인력 비용을 줄이고 재료 낭비를 최소화해 비용을 절감하며, 위험한 작업을 로봇이 수행해 작업자의 안전을 보장한다. 다양한 제품을 처리하고 생산 라인을 신속하게 변경할 수 있는 유연성도 제공한다.

결론적으로, 자율 제조는 우리나라 제조 기업이 친환경 제품을 경제적으로 생산하고 제조 경쟁력을 높이며, 탄소 규제에 따른 통상 압력을 극복할 수 있는 길이다. 이는 지속 가능한 생산과 양질의 일자리 제공을 위한 필수 과정이다.

미래의 일자리를 위해 준비할 방법

미래의 일자리를 준비하기 위해 임직원의 기술 습득과 역량 강화가 중요하다. 이제 한곳에서 오래 근무하는 것보다 AI와 함께 새로운 일을 찾아 원하는 곳에서 근무하는 시대로 가고 있다. 미래 일자리에서 성공적으로 경쟁하기 위해서는 새로운 AI 기술을 습득하고 기존 역량을 강화하는 것이 필수다. 온라인 강의, 교육 프로그램, 자격증 취득으로 꾸준히 학습하는 자세를 갖추는 것이 필요하다. 미래에는 한 분야에 국한된 전문성보다는 다양한 분야 간의 융합된 지식과 사고 능력이 더욱 중요하다. 다양한 프로젝트 참여, 문제 해결 훈련, 아이디어 발상 연습 등으로 문제 해결 능력을 향상할 수 있다.

사람은 지속적으로 학습하고 성장한다. 지금까지 일반적이고, 전문적인 일들은 AI가 대신하고, 사람은 AI와 함께 문제를 해결해, 창의력과 기획력을 가진 자가 세상을 지배한다. 미래의 일자리에는 변화에 대한 유연성과 새로운 AI 기술에 대한 학습 의지가 중요하다. 끊임없이 진화하는 기술 속에서 살아남기 위해 지속적인 학습과 성장이 필요하다. 인공지능 시대는 단순히 지식을 암기하는 능력보다 문제를 분석하고 창의적으로 해결하는 능력이 더욱 중요하다. 다양한 프로젝트 참여와 문제 해결 훈련으로 능력을 키워야 한다. 중요한 요소가 사람 간 협업과 소통 능력이다. 온라인 커뮤니티, 콘퍼런스 참여, 멘토링 프로그램 활용 등으로 관련 분야 전문가들과 네트워크를 구축하고 정보를 얻어야 한다.

미래의 일자리는 기술의 발전과 사회 변화에 따라 끊임없이 새롭게 만들어지고 있다. 변화에 유연하게 대응하고 새로운 기술을 적극적으로 활용하며 자기 경쟁력을 강화하는 것이 미래 일자리를 잡는 핵심 전략이다. 끊임없이 학습하고 변화에 적응하며 미래 사회의 필요를 충족시킬 수 있는 인재로 거듭나기 위한 노력을 멈추지 말아야 한다.

글로벌 제조 시장의 동향과 대응 전략

독일의 인더스트리4.0(Industrie 4.0) 2030 비전은 사이버 물리 시스템(CPS, Cyber Physical System) 기반의 자

율 생산 공장을 2030년까지 완성하는 것을 목표로 하고 있다. 이 비전은 2020년 독일 정부의 디지털 서밋(Digital Summit)에서 발표되었으며 디지털화, 네트워크화, 지속 가능한 제조 산업을 구축하는 데 중점을 둔다.

한편 미국은 세계 최고의 지위를 유지하면서 자국민에게 좋은 일자리와 여유로운 삶을 제공하기 위한 신제조 정책을 추진하고 있다. 이는 해외로 이전된 공장을 국내로 복귀시키고, 미국에 제품을 수출하는 각국이 미국 내에 공장을 신축하지 않으면 높은 관세를 부과하겠다는 정책을 포함하고 있다. 이에 따라 세계는 미국 중심으로 재편되고 있다.

EU는 2050년까지 탄소중립 달성을 목표로 각종 규제를 강화하고 있다. EU 27개국에 수출하는 제품은 저탄소 제품이어야 하며, 설계 단계부터 재사용이나 재활용 가능성을 높이는 친환경 제품을 요구한다. 이러한 규제에는 탄소 국경조정 제도(CBAM, Carbon Board Adjustment Mechanism), 에코디자인 규정(ESPR, Ecodesign for Sustainable Products Regulation), 디지털 제품 여권(DPP, Digital Product Passport) 등이 포함되는데 이는 가치 사슬의 모든 기업이 데이터 교환이나 협업으로 대응한다.

기업들이 이러한 규제에 대응하려면 가치 사슬 전체에서 배출된 탄소 총량을 산출한다. 이는 원료 채굴부터 제품 수출까지 모든 과정에서 배출된 탄소량을 계산해야 함을 의미한다. 인더스트리4.0의 최종 목표인 친환경, 고객 맞춤형 자율 제조 공장을 구축하기 위해서는 전후 공급 및 운송 회사가 데이터를 실시간으로 공유 협업해야 한다. EU는 27개국이 하나의 나라처럼 행동해 양질의 일자리를 창출하고 풍요로운 삶을 누리는 것을 목표로, 국가 간 데이터 공유 협업을 촉진하는 "데이터 스페이스 플랫폼(Data Space Platform) 전략"을 수립, 실행하고 있다. 수출 중심의 우리나라는 이러한 규칙에 맞춰 제품을 생산하지 않으면 안 된다. 이미 미국, 일본, 중국 등의 제조 강국들은 이에 동참해 대응하고 있다.

수출 기업과 원료 소재, 부품과 서비스를 공급하는 모든 기업은 필요한 정보를 공유 협업해 저탄소 제품을 경제적으로 생산하고 세계 시장에 판매해야 경쟁력을 유지할 수 있다.

중국 초월을 위한 장기 전략

한국 제조 기업은 수출 시장에서 지속 가능한 성장을 위해 다양한 도전에 직면하고 있다. 특히 중국이나 동남아

시아에서 생산되는 제품과 비교해 생산 원가 경쟁력의 차이로 판매에 어려움을 겪고 있다. 이 문제는 B2B와 B2C 사업 모두에서 나타나지만, 특히 B2C 사업에서 두드러진다. B2B 사업은 기업 간의 신뢰성과 품질의 안정성으로 어느 정도 버틸 수 있다. 그러나 B2C 사업에서는 고객들이 비슷한 수준의 품질이라면 더 저렴한 제품을 선호하는 경향이 있어 어려움이 크다. 대한민국 제조 기업은 가격 경쟁력을 확보하기 위한 전략이 필요하다. 이를 통해 지속 가능한 성장을 이룰 수 있다.

B2B 사업의 대표 산업인 철강과 정유 산업에서는 생산 원가에서 원료비, 인건비, 재고비용이 큰 비중을 차지한다. 한국의 경우, 원료비는 전체 비용의 약 50~60%를 차지하며, 인건비는 10~15%, 재고비는 5~10%를 차지한다. 반면, 중국의 원료비는 전체 비용의 60~70%로 약간 더 높지만, 원자재 비용이 더 저렴하다. 또한 중국의 인건비는 전체 비용의 5~10%로 한국보다 낮아, 이러한 점이 중국이 한국보다 가격 경쟁력을 유지하는 주요 요인 중 하나로 작용하고 있다.

정유 공장의 평균 연봉을 비교해 보면, 중국은 5400만 원(4만 달러)인 반면, 한국은 9450만 원(7만 달러)으로, 한국의 연봉이 중국보다 2.5배 이상 높다. 이는 한국이

고부가가치 제품 생산과 높은 기술력 유지를 중시하기 때문이다. 철강 산업에서도 중국 근로자의 평균 연봉은 1485만 원(1만1000달러)인 데 비해, 한국은 4320만 원(3만2000달러)으로 한국이 3배 이상 높다. 이 또한 한국이 높은 기술력과 품질을 강조한 결과로 해석할 수 있다.

그러면 B2C의 대표 격인 자동차와 가전산업에서 생산 원가의 구성요소와 인건비를 한국과 중국을 비교해 보자. 자동차 산업은 원재료비 55:60(%), 인건비 25:15(%), 재고 비용 20:25(%)로 많은 차이가 있다. 여기에 종사하는 근로자의 평균 연봉은 한국 6075만 원, 중국은 1620만 원으로 한국이 무려 3.75배 높다. 가전산업은 원재료비 55:60(%), 인건비 25:15(%), 재고 비용 25:30(%)으로 많은 차이가 있다. 여기에 종사하는 근로자의 평균 연봉은 한국 5400만 원, 중국은 1350만 원으로 4배 차이가 있다. 종합적으로 한국이 중국 대비 인건비가 차지하는 비중이 높고, 급여도 2~4배 높다.

원가를 차지하는 비용 중 기업에서 쉽게 통제할 수 있는 부분은 인건비다. 결국 인건비를 절감하지 못하면 수출 중심의 대한민국은 중국 대비 경쟁력을 잃을 수 있다. 고객 맞춤형, 낮은 인건비로 생산하는 길은 오직 자율 생산 체계를 구축하는 것이다. 노동력이 싼 국가로 공장을 이전하는 것은 잠시 소나기를 피할 뿐 결국 동일한 원점으로 돌아오기 때문에 이러한 고리는 없애야 한다. 대한민국 제조기업이 지속 성장을 이루기 위해서는 몇 가지 전략적 접근이 필요하다. 첫째, 기초 소재를 공급하는 철강, 정유 산업에서 생산 원가를 줄여야 한다. 이를 통해 B2C 기업에 경제적 가격으로 원자재를 공급할 수 있다. 둘째, 가공 조립 생산하는 기업들은 자동화와 스마트화로 생산 효율성을 높여야 한다. 이러한 기술적 혁신은 인건비와 재고 비용을 절감하는 데 중요한 역할을 할 것이다.

제조기업의 인건비 줄이기 장기 전략

대한민국 제조 기업이 인건비를 획기적으로 50% 이상 줄이기 위해서는 자동화, 스마트화, 그리고 효율적 운영 방식 도입이 필수다. 경영자들은 이러한 전략의 중요성을 인식하고 있지만, 이를 실행하기 위해서는 몇 가지 중요한 요소들을 명확히 이해하고 체계적으로 접근할 필요가 있다.

우선, 사내 부족 역량을 파악하고 이를 보완하기 위해 적절한 기업과 협업하거나 상용화된 솔루션을 도입한다. 이러한 과정을 통해 몇 명의 인력을 줄이고, 언제부터 경쟁사보다 시장에서 우위를 점할 수 있을지를 계획한다. 또한 더 많은 이익을 창출할 수 있는 구체적인 중장기 KPI 전략을 수립한다. 이는 노사 간의 민감한 사안이므로 상호 신뢰를 바탕으로 중장기 전략을 수립하고 협업해 지속 성장을 위한 공감대를 형성해야 성공할 수 있다.

연속 장치 산업은 대규모로 일정한 공정으로 제품을 생산하는 산업으로, 철강 · 정유 · 화학 · 제지 등이 포함된다. 이 산업에서는 생산 공정 자체는 자동화돼 있으나, 원료 투입, 생산 공정 모니터링과 운전, 설비 운영, 제품 출하, 구매 물류, 창고 관리 등에서 많은 인력을 투입하고 있다. 이러한 인력 의존도를 줄이기 위해서는 여러 개소에서 운영되는 생산 현장의 운전실을 하나로 통합해 자율 생산 체계를 구축해야 한다.

사람이 PLC, DCS 시스템의 데이터를 모니터링 분석하고 판단해 신속하게 조치하는 것을 AI가 대신하게 하며, 사람은 AI가 경고한 내용의 근본 원인을 분석해 최종 의사 결정을 내리는 방식으로 전환한다.

생산 현장을 자율 생산으로 구축하기 위해서는 생산, 설비, 품질, 에너지 · 환경 부서의 전문가들이 협업해 문제를 해결하고, 앞으로 발생할 문제를 사전에 예측해 조치하는 단일의 AI 솔루션을 도입한다. 사일로화한 데이터베이스를 생산 제품과 시간을 동기화해 체계적으로 수집하고, 글로벌 시장에서 검증된 AI 솔루션을 도입해 경제적 효과를 빨리 창출한다. 적합한 솔루션이 없다면 기업 특성에 맞는 AI 솔루션 개발을 위해 관련 기업과 협업한다. 경영자는 전문 기업과 협업해 대체 불가의 OT(Operation Technology)를 기반으로 개발하고, 성공 시 글로벌 시장에 판매하는 솔루션 판매 기업으로 전환하는 투자 마인드를 가져야 한다.

AI 솔루션을 도입할 때는 경제적 효과를 고려해 매년 이익 창출한 성과를 기반으로 라이선스 비용을 지불하는 성과보상제 방식을 채택한다. POC(Proof of Concept) 사업으로 솔루션 처음 도입 시 투입되는 인건비를 제공하고, 회사에 적용한 후 1~2년간 운영해 경제성이 검증되면 다른 공장으로 확산하는 전략이 필요하다. 현재 많은 기업이 AI 솔루션을 도입하고 있으나, 80% 이상이 무용지물로 사용되지 못하고 있는 것은 사용자와 솔루션 기업 간의 협업 문제 때문이다. 하나의 솔루션을 도입해 인공지능 수준을 단계적으로 향상하고 사용자의 전문 지식과 공장 환경 변화를 재학습해 문제를 해결하는 방향으로 나아가야 한다.

반면 조립(discrete) 산업은 개별 부품을 조립해 최종 제품을 만드는 산업으로, 자동차 · 가전 · 전자제품 등이 있다. 이 산업에서 인건비를 획기적으로 줄이기 위한 전략은 노동 집약적 가공 · 조립 업무를 자동화하는 것이다. 사람이 조립하는 작업을 협동 로봇(Cobot), 자율 운반 로봇(AMR, Autonomous Mobile Robot)으로 대체해 사람과 로봇이 협력 작업할 수 있게 투자한다. 다양한 제품을 생산할 때 필수로 사람이 개입해야 하는 부문에는 협동 로봇을, 일반적인 제품 가공 · 조립 부문에는 산업용 로봇을 도입해 경영 자금을 고려한 장기적이고 점진적인 투자가 필요하다.

독일 자동차 산업을 예로 들면, 하나의 공장에서 여러 종류의 차체를 동시에 생산하며 차체 제작, 열처리, 도금 등 초기 공정은 95% 자동화돼 있고, 조립 공정은 35% 이상 자동화돼 있다. 2027년까지 조립 분야의 자동화율을 75%까지 높여 인건비를 줄이고, 독일 내에서 생산한 자동차가 세계 시장을 선도하는 전략을 취하고 있다.

이들 기업은 3만 개의 부품으로 구성된 엔진 자동차를 3D프린팅 장비를 도입해 부품 수를 줄이고 생산 공정을 단순화해 비용 절감과 경량화를 추진하고 있다. 이러한 접근 방식은 제조 공정의 효율성을 높이고, 차량의 성능을 향상하는 데 중요한 역할을 한다. 결론적으로 제조 기업이 장기적으로 인건비를 줄이기 위해서는 자동화, 스마트화, 효율적 자율 운영 방식을 적극적으로 도입하고, 관련 부서와의 협업을 강화하며, 경제적 효과를 고려한 성과 보상제로 지속 가능한 성장을 도모해야 한다.

참고문헌

박영선 외(2024). 『AI, 신들의 전쟁』. 나남.

박한구 외(2017). 『4차 산업혁명, 새로운 제조업의 시대』. 호이테북스.

박한구 외(2023). 『대한민국 제조의 미래: 혁신과 전략』 율곡출판사.

백인수 수석(2023). 『인공지능기술의 발전과 일자리 변화』, 한국지능정보사회진흥원. 14-17쪽.

손지연 외(2021). 제조+AI로 실현되는 미래상: 자율공장, ≪ETRI≫ 36(1)(통권 188), 64-70쪽. https://ettrends.etri.re.kr/ettrends/188/0905188007/.

육지훈(2023). "인공 지능 공포는 과장되었다, 마크 앤드리슨의 AI 옹호". ≪FURTUNE Korea≫. 2023(6).

FA저널(2024.5.8). 자율생산 시스템 구축 위한 로드맵 나왔다… "제조업 혁신, 산업 대전환 선도할 것". https://www.fajournal.com/news/articleView.html?idxno=15209.

FA 저널(2024.5.27). [칼럼] 글로벌 시장 선점을 위한 자율제조(AM) 도입 전략, www.fajournal.com https://www.fajournal.com/news/articleView.html?idxno=15284

FA 저널(2024.7.27). [칼럼] 자율제조(AM) 통한 재고, 인건비 절감 전략. www.fajournal.com
https://www.fajournal.com/news/articleView.html?idxno=15613

Plattform Industrie 4.0 - Homepage.
https://www.plattform-i40.de/IP/Navigation/EN/Home/home.html.

Schwab, K.(2016). *The Fourth Industrial Revolution*. Crown Business. 송경진 옮김(2016). 『클라우스 슈밥의 제4차 산업혁명』. 메가스터디북스.

01
기업의 지속 성장 조건, AI

제조 기업은 단순히 생산 효율성을 높이고, 신제품 개발을 넘어, 친환경적 제품 설계와 생산 과정에서 탄소 배출을 최소화하는 전략이 필요하다. EU 탄소 규제에 대응하면서 가치 사슬 기업 간 상호 공유하고 협업을 통한 데이터 스페이스 플랫폼 기반의 자율 생산 체계를 구축하는 것이 필수다. 기업은 친환경, 친인간적 소프트웨어 정의 자율 생산에 선택과 집중을 해야 한다.

AI와 1인 창업?

탄소 규제가 통상 장벽

유럽연합(EU)은 2050년까지 세계 최초의 탄소중립 대륙이 되겠다는 목표를 세우고 이를 실현하기 위해 탄소국경 조정제도(CBAM, Carbon Border Adjustment Mechanism), 디지털 제품 여권(DPP, Digital Product Passport) 등 다양한 탄소 규제법을 시행하고 있다. 이러한 규제는 EU뿐만 아니라 미국과 캐나다 등 다른 국가들도 지구 온난화 방지에 동참해 유사한 법안을 도입하게 한다.

반면 수출 중심의 대한민국은 2050년 탄소중립 달성을 선언했음에도 불구하고, 법안 수립에는 소극적인 태도를 보인다. 이는 제조 과정에서 발생하는 탄소 배출을 줄이지 않으면, 각국의 탄소 규제가 통상 압력으로 작용해 수출 경쟁력을 약화할 수 있기 때문이다.

이러한 상황에서 EU와 미국의 법안은 수출 제품의 제작 과정에서 발생하는 모든 탄소 배출을 포괄적으로 관리한다. 제조업체는 자신들이 직접 배출하는 탄소(Scope 1), 전기 사용 등으로 인한 간접 배출(Scope 2), 그리고 가치 사슬상의 모든 공급 업체에서 발생하는 배출(Scope 3)을 포함해 총배출량을 산출하고 보고한다. 또한 제품의 최종 소비자가 사용 후 재사용하거나 재활용할 때 필요한 부품별 회수, 희토류 등의 성분량과 관련된 자료도 제공된다. 이 과정에서 부품별 제조 성분의 양, 분해 및 조립 방법 등 기업의 핵심 노하우가 공개될 수 있기 때문에, 데이터 교환 시 보안성 확보가 매우 중요하다.

기업이 이러한 규정에 적극적으로 대응하지 않으면 국제 시장에서 수출이 제한될 뿐만 아니라 지속 성장이 어려워질 수 있다. 따라서 모든 국가의 기업들은 글로벌 환경 규제 변화에 발맞추어 적응하고, 지속 가능한 성장을 위한 전략을 강화할 필요가 있다.

데이터 표준화 기반의 플랫폼 전략

전통적으로 국가 간 무역 거래는 수출입 원장을 엑셀로 작성해 PDF 파일로 이메일을 통해 전송하는 방식으로 이루어졌다. 그러나 최근 탄소 배출량 계산, 원산지 추적, 재활용을 위한 부품 성분 및 분해도 같은 기업 기밀 정보가 포함된 데이터의 안전성이 점점 더 중요해지고 있다. 이러한 데이터는 기밀 유지가 필수다. 전송 과정에서 데이터 변조나 유출 가능성에 대응하기 위해 보다 신중한 접근이 요구된다.

이러한 필요성을 인식해 EU는 2019년 가이아엑스

(Gaia-X)재단을 설립 운영하고 있다. 이 재단은 27개 EU 회원국이 하나의 디지털 단일 시장을 형성하고 데이터 주권을 강화하는 것을 목표로 한다. 재단의 주요 목표는 유럽 내 데이터 역량을 강화하고, 차세대 유럽 클라우드 인프라를 구축해 EU가 데이터 주권을 확보하고 효과적인 데이터 스페이스를 구축하는 것이다.

이를 위해 가이아엑스는 데이터 스페이스 원칙을 수립하고, 이 원칙에 따라 클라우드 플랫폼 구축에 필요한 소프트웨어를 오픈소스로 제공하며, 기업 및 국가 간 데이터 공유와 협업을 위한 플랫폼 전략을 실행하고 있다. 이런 접근은 국가 간 데이터를 안전하게 교환하고, 데이터 보안성을 유지하며, 유럽의 데이터 독립성을 강화하는 데 기여한다. 이는 결국 EU의 데이터 경제를 활성화하고, 글로벌 무역에서 경쟁력을 유지하는 핵심 전략으로 자리 잡고 있다.

독일은 자동차 산업의 데이터 공유와 협업을 촉진하기 위해 2021년 카테나엑스(Catena-X)재단을 설립했다. 이 재단의 주된 목적은 자동차 가치 사슬에 속한 모든 기업이 협력해 탄소 배출량을 줄이고, 순환 경제 규제에 효과적으로 대응하며, 독일 자동차 산업의 공급망을 강화하고, 국제 경쟁력을 높이는 것이다. 이 재단에는 자동차 제조사, 부품 기업, 소재 · 장비 생산 기업, 소프트웨어 업체, 연구 기관 등이 참여하고 있으며, 한국의 자동차 부품 생산 기업들도 포함돼 있다.

2023년에는 이러한 협업 모델을 더 확장해 매뉴팩터링엑스(Manufacturing-X)재단을 설립했다. 이 재단은 다양한 산업 분야에서 제조 산업의 디지털화를 촉진하고, 세계적 제조 리더 위치를 확립하기 위한 독일 정부의 지원을 받고 있다. 재단의 주목표는 가전, 화학, 식품 등 다양한 산업 분야의 데이터를 효율적으로 공유하고, 탄소 배출을 줄이며, 순환 경제를 지원하고 지구 온난화를 방지하면서 제조 경쟁력을 강화하는 것이다. 이 재단은 데이터 공유와 협업을 위한 데이터 표준, 즉 공통 데이터 스페이스(common data space)를 개발해, 기업들이 전체 생산 · 공급망에서 데이터를 안심하고 공동 사용할 수 있도록 지원한다. 이와 같은 구조적 접근은 세계 시장에서 독일 제조업의 지속 가능한 성장과 번영을 보장하는 데 중요한 역할을 할 것이다.

글로벌 제조 경쟁이 심화에 따라 미국, 일본, 중국 등 주요 제조국들은 법안을 제정하고 정부-민간의 협력을 통해 데이터 플랫폼을 구축하고 있다. 이러한 경쟁 속에서 특히 수출 중심의 제조 기업이 많은 한국은 더욱 엄격한 법규를 적용하고 AI 기술을 통합해 탄소 절감과 데이터 공유 전략을 추진할 필요성이 있다. 이를 위해 탄소 규제가 통상 규제로 전환되고, 국가 간 데이터를 공유하며, 가치 사슬의 기업들이 서로 연결되고 운용될 수 있는 글로벌 데이터 스페이스 플랫폼 구축이 중요하다.

이 플랫폼으로 모든 참여 기업은 제조 공정에 따라 직간접 탄소 배출량(Scope 1과 Scope 2)을 산출하고, 기업의 공급망에서 발생하는 탄소량(Scope 3)을 공유할 수 있다. 그러나 대기업이 독자적으로 플랫폼을 만들어 운영하면 보안성과 신뢰성 문제로 다른 공급망 기업들이 이를 활용하지 않을 수 있다. 따라서 국가 간 상호 연결성과 운용성을 고려한 국제 표준 기반의 단일 플랫폼(single source based platform) 구축이 중요하다. 이 플랫폼은 철강, 자동차, 가전, 조선, 화장품, 장비 등 다양한 산업 분야에서 공신력 있게 운영되어야 하며, 그렇지 않으면 서로 다른 플랫폼 간 데이터 통신을 위한 변환 과정에서 많은 낭비가 예상된다.

기업은 친환경적, 친인간적 소프트웨어 정의 자율 생산 공장(SDM)을 구축하기 위해 데이터 스페이스 플랫폼을 공동 사용해 다양한 자동화와 AI 기술을 적용할 수 있다. 이 과정에서 정부는 지원과 규제를 통해 플랫폼의 안전성과 효율성을 보장하며, 기업은 혁신적 기술을 개발 적용하는 주체 역할을 한다. 운영 주체는 이 플랫폼이 효과적으로 작동하도록 관리하고 감독하는 책임을 진다. 이 모든 과정이 잘 조율되어야 세계 시장에서 지속 가능한 성장과 경쟁력을 확보할 수 있다.

탄소 배출량을 감소시키는 AI

AI는 환경 보호와 지속 가능한 경영에 필수 기술로 자리 잡고 있으며, 이를 통해 여러 방법으로 기업의 에너지 효율성을 높이고 탄소 배출을 줄일 수 있다. AI는 생산 공장에서 에너지 소비를 모니터링하고 최적화하는 데 중요한 역할을 한다. 센서 데이터를 수집·분석해 에너지 소비 패턴을 파악하고, 이를 기반으로 최적의 운전 조건을 설정해 에너지 낭비를 최소화하고 탄소 배출을 줄일 수 있다.

공장의 자동화와 스마트 제조를 통해 AI는 생산 프로세스를 최적화하고, 로봇을 활용해 부품 조립·운영을 에너지 효율적으로 수행하게 해 에너지 소비를 추가로 줄인다. 이 과정에서 생산 계획도 AI를 통해 최적화해 재료 사용을 최소화하고, 전체 제조 효율성이 향상된다.

AI는 예측 유지 보수로 장비의 고장을 예방한다. 이는 예상치 못한 중단 시간을 줄여 에너지 소비를 최소화하며, 장비의 효율적 운영을 가능하게 한다. AI는 생산 프로세스의 데이터를 광범위하게 분석해 탄소 배출을 줄이는 최적의 운전 조건을 찾는다. 이는 머신러닝 알고리즘을 활용해 프로세스를 개선하고 에너지 효율을 증가시킨다. 환경 모니터링 분야에서도 AI의 역할은 매우 중요하다. AI는 대기 오염, 수질 오염과 같은 환경 문제를 실시간으로 감지하고 예방하는 데 활용된다.

이러한 모니터링으로 환경 규제 준수를 보장하고, 잠재적 위험을 조기에 감지해 대응할 수 있다. 이와 같은 AI의 다양한 활용은 기업과 정부가 지속 가능한 경영을 추구하고 환경적 책임을 다하는 데 큰 도움이 된다. AI를 적극적으로 도입하고 통합하는 것은 효율적이고 지속 가능한 미래로 나아가는 핵심 전략이 될 것이다.

AI를 활용해 탄소 배출량을 줄이고, 친환경 제품을 설계 · 제작하며, 재사용 · 재활용률을 높이는 데 성공한 기업들의 사례는 여러 곳에서 확인할 수 있다. 이러한 사례들은 AI 기술을 통해 기업이 지속 가능한 경영을 추구하고, 환경적 책임을 다하는 데 큰 도움이 되었음을 보여준다. 다음은 대표적인 성공 사례들이다.

구글: 데이터 센터의 에너지 효율성 최적화

구글(Google)은 대규모 데이터 센터를 운영하며, 발생하는 에너지 소비와 탄소 배출량을 줄이기 위해 AI 기술을 도입했다. AI 활용 방법은 에너지 소비를 모니터링하는 것으로 AI로 데이터 센터의 에너지 소비 패턴을 실시간 모니터링하고 분석했다. 사용된 최적화 알고리즘으로 딥 마인드(Deep Mind) AI를 활용해 데이터 센터의 냉각 시스템을 최적화해 에너지 효율성을 극대화했다. AI 기반 예측 유지 보수로 장비 고장을 사전 예방하고, 효율적 운영을 가능하게 했다.

주요 성과는 AI 도입한 이후 데이터 센터의 냉각 에너지 소비가 40% 감소했고, 전체 에너지 효율성이 향상되어 탄소 배출량이 크게 줄어들었다는 것이다. 에너지 비용 절감과 효율적 유지 보수로 운영 비용이 감소했다.

유니레버: 스마트 제조와 공급망 최적화

유니레버(Unilever)는 글로벌 소비재 기업으로, 생산 공정과 공급망에서 발생하는 탄소 배출을 줄이기 위해 AI 기술을 도입했다. AI 활용 방법은 에너지 소비 최적화로 AI를 통해 생산 공정에서 에너지 소비를 모니터링하고 최적화해 에너지 낭비를 최소화했다. 스마트 제조로 AI

를 활용해 생산 계획을 최적화하고, 로봇으로 에너지 효율적 부품 조립 및 운영을 구현했다. 공급망 최적화로 AI 기반 예측 분석으로 공급망 전체의 효율성을 높이고, 물류 과정에서의 탄소 배출을 줄였다.

주요 성과는 생산 공정과 공급망의 최적화로 탄소 배출량이 크게 줄어들었다는 것이다. 에너지 효율성이 향상되어 에너지 비용이 절감되었다. AI를 통한 최적화로 유니레버는 지속 가능한 경영을 강화하고, 환경적 책임을 다하는 기업으로 자리매김했다.

참고문헌

민경찬(2017). 『변화와 혁신』. 도서출판 좋은땅.

박준희 외(2022). 『스마트 팩토리: 미래 제조 혁신』. 율곡출판사.

이상은(2022). 『GAIA-X 현황 및 도전 과제 분석』. 한국지능정보사회진흥원.

이서현(2023.5.30). Catena-X가 함의하는 車 산업 데이터 공유 방향. ≪산업분석≫ 118. https://www.katech.re.kr/page/07090450-89fd-4a3f-8373-ee74cbb3e738?ac=view&post=cd48e5bb-375d-49bd-9998-6d2416ac14e2&keyword=&page=1.

정연돈(2018). 『4차 산업혁명 시대의 인간과 지구의 길』. (주)KDMT.

한국경제TV 산업팀(2016). 『4차 산업혁명, 세상을 바꾸는 14가지 미래 기술』. ㈜지식노마드.

Phoenix Contact, Technologies/Manufacturing-x, [Everything in

flux: Manufacturing-X as a common data space]
https://www.phoenixcontact.com/ko-kr/technologies/manufacturing-x

World Economic Forum, [How AI Can Help Reduce Carbon Emissions]
https://www.weforum.org/agenda/2020/02/how-ai-can-help-reduce-carbon-emissions/ [Artificial Intelligence and Climate Change: How AI Can Help]
https://www.ucsusa.org/resources/artificial-intelligence-and-climate-chang

02
AI가 고질적 문제의 해결사

전문 부서별로 AI 기술을 도입해 경제적 가치를 창출하고 있지만, 실제로 그 효과를 보는 기업은 20% 미만이다. 생산 현장을 자동 제어하는 모델은 수학 방정식을 기반으로 하며, 이는 물리화학적 현상을 정확하게 표현하는 데 한계가 있어 근본적인 문제를 해결하지 못해 왔다. 이러한 문제를 근본적으로 해결하기 위해 AI를 부서 간 협업하는 단일 솔루션으로 도입한다.

AI와 MBTI?

공장 전체의 예측 모니터링

지금까지 제조 기업에서 생산 공정을 최적 상태로 유지해 안정적인 제품을 생산하는데, 사람의 능력에 의존해 상태를 분석하고 최종 의사 결정을 하며 운영해 왔다. 그러나 설비 고장은 지속되고, 공정 이상으로 생산 휴지와 불량 품질이 발생하면서 기업의 원가 부담은 늘어가고, 사람의 실수로 손해를 보곤 했다.

지금은 AI 기술과 융합해 사람이 판단하지 못하는 문제를 사전에 발견하고, 공정 이상 상태를 일으키는 근본 원인을 분석하고 찾아내는 문제를 해결할 수 있다.

오늘날 생산 공정에서 우선 해결해야 할 당면 문제는 공장 내 어느 설비가, 어떤 문제로 갑자기 공정 이상이 발생하고, 불량한 품질의 제품을 생산하고, 공정의 이상 상태로 다량의 탄소 배출을 발생하는지 사전에 예측하는 것이다. 결국 경쟁사 대비 탄소 배출을 적게 하면서 양질의 제품을 안정적으로 생산해, 친환경적 제품을 경제적으로 생산해 공급하는 것이다.

최근 AI 기술은 제조 기업에서 지금까지 해결하지 못한 고질적 문제를 해결하고 최근 무역 장벽으로 대두되고 있는 탄소 규제에 대응하기 위해 많은 시도를 하고 있다. 생산 공정에 AI를 융합해 지금까지 공정 엔지니어가 경험적 판단으로 즉흥적으로 분석 판단해 조치하는 방식에서, 다양하게 변화하는 설비와 공정 상태를 수만 개의 센싱 데이터를 사용해 역동적인 이상 상태를 모니터링 분석해 예측 판단하는 디지털 전환이 계속되고 있다.

제조 기업에서는 AI를 융합해 개발된 새로운 AI 솔루션을 찾아 적용하려는 전문가들과 기존 운영자 간에 생각의 갭(Gap)이 크다. 운영 경험을 가진 엔지니어가 최고라는 자부심을 내려놓지 않기 위해, 스스로 새로운 기술을 배척하면서, 자기가 최고의 AI 기술을 접목하는 최고의 엔지니어라 포장하면서 미숙한 AI 기술을 기반으로 스스로 문제를 분석하고 해결하려는 시도를 많이 하고 있다. 그러면서 AI를 해 보니 성공적이지 못하고, 지금까지 축적된 경험 기술을 기반으로 이상 상태에 대한 근본 원인을 분석하고 프로세스를 최적화하려는 노력을 자기의 경험과 직관에 의한 판단에 여전히 의존하고 있는 기업이 많다.

경영자 또한 많은 돈을 투자해 새로운 솔루션을 도입해 경제적 성과 창출보다는 보유한 전문 엔지니어의 능력으로 문제를 신속하게 해결하고 경제적 효과를 달성하겠다고 보수적으로 생각하는 경영자가 의외로 많다.

만약 뛰어난 경영 능력을 보유한 경영자가 AI 기술의

필요성과 상품화된 솔루션이 다른 기업에서 성과를 내고 있다는 것을 판단하고, 담당 부서에 그 AI 솔루션을 도입 검토하라고 지시한다면, 그 결과는 어떻게 될까? 대부분 제조 기업에 종사하는 엔지니어는 경험적 기술과 얄팍한 AI 기술로 AI 솔루션 업체를 불러 솔루션을 어떠한 원리로 설비 · 공정의 이상 상태를 모니터링 · 분석 · 판단해 예측하는지 설명을 듣고, 적극적 수용 자세보다는 어떻게 하면 우리 생산 공정에 이러한 이유로 적합하지 않음을 논리적으로 설명해 보고하려 할 것이다.

결국 기업들은 새로운 기술을 도입해 문제를 해결하려 했지만, 대부분 부분적 해결에 그치고 근본 문제는 여전히 해결하지 못한다. 특히 중요 설비인 회전체의 고장을 예지하기 위해 많은 투자를 했음에도 계속해서 고장이 발생한다. 실제로, 공장에서는 회전체보다는 사소한 밸브, 센서, 릴레이, 배관 누출, 작업자의 실수 등 사소한 원인들로 생산 휴지가 더 자주 발생한다. 이제는 핵심 설비 중심의 접근에서 벗어나 소재 투입에서 제품 생산까지 연결된 공장 전체를 예측 모니터링하는 AI 솔루션을 도입할 필요가 있다. 이를 통해 공장의 효율을 높이고, 작은 문제로부터 발생할 수 있는 큰 사고를 사전 방지할 수 있다.

기업에 손해를 끼치는 네 가지

경험적 기술을 중요시하는 조직에서, 사람이 주도적으로 설비 · 공정 이상 상태를 직관적으로 분석 · 판단하면서 기업에 손해를 끼치는 네 가지 원인을 소개한다. 물론 프로세스 전문가는 종이와 펜으로 문제를 분석하고 판단하지 않는다. 대부분 제조 기업에서는 검증된 통계 모델과 데이터 시각화와 분석 도구를 사용해 근본 원인을 분석한다. 일부는 고급 분석을 위해 일반 머신러닝 알고리즘을 사용하기도 한다.

그러나 많은 시간 동안 측정된 데이터를 사용해 분석하는 전통 방식은 시간이 지남에 따라 목표 달성이 매우 어려움을 겪게 된다. 특히 공정 상태와 관련이 깊은 수율, 폐기물 감소, 에너지 효율성, 탄소 배출 감소, 품질 및 생산성 향상 등에 큰 효과를 얻을 수 없음은 남보다 늦게 깨닫게 되는데 그 이유는 다음과 같다.

첫째, 진정한 근본 원인은 꼭 숨어 있다는 것이다. 제조 프로세스의 복잡한 특성으로, 복잡한 데이터가 풍부하다는 것은 그만큼 근본 원인을 정확하게 찾아내려는 사람의 노력을 흐리게 만드는 '노이즈'가 많다는 것을 의미하기도 한다. 사람이 분석하는 것은 데이터의 시각화와 셀프서비스 분석 도구의 도움을 받더라도 간단하게 해결되지 않는다. 이것은 사람이 지속적으로 복잡한 상태를 분석하기 위해 방대한 양의 데이터를 통계 처리하고 상호 연관성을 찾지만, 핵심 문제에 관련된 다양한 데이터는 조직별로 분산되고, 데이터 양이 너무 많기 때문이다.

둘째, 제조 공정은 순간적으로 다이내믹하게 역동적이다. 원자재의 가변성, 습도 및 온도 변동, 동적 추적 가능성, 기상 조건이나 기타 여러 요인으로 시간이 지남에 따라 가치가 있는 실행 가능한 결론에 도달하는 것이 불가능하다. 이는 일반 머신러닝 알고리즘을 사용하는 데도 마찬가지다. 이러한 알고리즘은 생산 프로세스의 복잡하고, 역동적인 현실을 고려하지 않기 때문이다.

셋째, 생산팀은 이미 많은 압박을 받고 있다. 프로세스 최적화에 대한 사람 주도의 접근 방식은 수년 동안 전문가들이 분석, 토론, 시행착오로 해결하지 못한 많은 일들이 산적해 있으며, 종종 회사의 수익에 어떠한 도움도 주지 못하면서 아주 바쁜 팀으로 전락한다. 쓸데없는 일에 많은 시간과 노력을 투자한다는 것이다.

넷째, 사람이 주도하는 규칙 기반의 공정 최적화 모델을 찾았다 해도 확산하지 못한다. 사람이 수동으로 분석한 방법을 사용해 근본 원인을 파악한다 해도 각 생산 공정에는 고유한 성능과 사양 값이 있으므로 찾은 모델을 다른 생산 공정에 복제해 사용할 수 없다는 것이다. 즉 다른 생산 공정에 적용 시에는 매번 처음부터 시작한다는 의미다.

이를 해결하기 위해서는 제조 기업에서 생산, 설비, 품질, 에너지, 환경 부서별 분산된 데이터베이스를 통합하고 하나의 공정 전체에 단일 솔루션을 사용해 협업으로 문제를 해결해 나가야 한다.

사람의 능력을 증강하는 네 가지 방법

제조 산업은 복잡한 프로세스와 동적인 환경에서 실시간으로 문제를 해결하는 과제를 안고 있다. 인간 주도의 전통적 접근 방식은 이러한 복잡성을 관리하는 데 한계가 있다. 그러나 공정 상태를 실시간으로 모니터링하는 프로세스 AI 솔루션은 인공지능의 힘을 활용해 프로세스의 비효율성을 해결하고, 프로세스 전문가와 생산팀의 역량을 증대한다.

새로운 것을 수용하는 조직에서 프로세스 상태를 정확하게 분석·판단해 사람의 전문성을 더욱 증가시켜주는 네 가지 조건이 있다.

① 직관적이고 사용하기 쉬운 인터페이스 제공: 프로

세스 AI 솔루션은 복잡한 제조 프로세스에서 비효율성의 근본 원인을 파악할 수 있도록 직관적 사용자 인터페이스를 제공한다. 이를 통해 프로세스 전문가와 생산팀은 문제 해결에 필요한 통찰력을 쉽게 얻을 수 있다. 사용자는 솔루션으로 생산 손실의 원인을 탐지하고 이를 예방할 수 있는 도구를 손쉽게 사용할 수 있어, 사용자 경험을 개선하고 문제 해결 시간을 단축할 수 있다.

② 실시간 적응 및 예측 기능: 프로세스 AI 솔루션은 24시간 동안 프로세스를 모니터링해 미세한 상태 변화를 감지하고 즉시 대응한다. 이러한 실시간 대응은 항상 관련성 있는 통찰력과 권장 사항을 제공해 사용자가 빠르게 대응할 수 있도록 지원한다. 프로세스 AI 솔루션은 과거 데이터를 바탕으로 미래의 프로세스 변화를 예측해 문제 발생 전에 예방 조치를 취할 수 있게 한다.

③ 확장 가능한 솔루션: 생산 라인 및 공장 간의 확장성이 우수해야 한다. 기존의 정적인 알고리즘과 달리 프로세스 AI 솔루션은 다양한 적응 전략을 통해 생산 라인과 여러 공장에 걸쳐 쉽게 확장할 수 있다. 이는 프로세스 가동 중에 솔루션을 적용할 수 있도록 하며, 전반적인 운영 효율성을 향상시킬 수 있다. 유연한 적용 범위로 새로운 공정이나 설비가 추가될 때도 쉽게 통합될 수 있는

유연한 구조를 갖추고 있어, 변화하는 생산 환경에 신속하게 대응할 수 있다.

④ 데이터 분석 작업의 자동화 및 최적화 지원: 데이터 처리에서의 사람을 해방시켜야 한다. 프로세스 AI 솔루션은 지루하고 반복적인 데이터 분석 작업을 자동화해, 사람들을 이러한 작업에서 해방시킨다. 이를 통해 직원들은 더 창의적이고 전략적인 업무에 집중할 수 있다. 솔루션은 명확한 데이터 인사이트와 권장 사항을 제공해, 사용자가 최적의 결정을 내릴 수 있도록 지원한다. 이는 프로세스 최적화에 집중할 수 있는 시간을 늘려 준다. AI는 품질, 생산량, 에너지 효율성, 수율 개선뿐만 아니라 CO2 배출 및 폐기물 감소와 같은 지속 가능성 목표 달성에도 기여한다. 이를 통해 제조 공정의 전반적인 성과를 향상할 수 있다.

프로세스 AI 솔루션은 제조 공정에서 인공지능과 사람의 역할을 효과적으로 분리하고 조화시켜 사람의 한계를 뛰어넘는다. 이는 사람의 능력을 증강하고, 프로세스 최적화로 전반적인 제조 성과를 크게 개선할 수 있게 한다. 이러한 솔루션은 AI와 인간의 협력으로 제조업의 혁신을 주도한다.

AI 눈으로 제품 검사

중간재 혹은 완제품을 생산하는 제조 기업에서 최종 제품이 생산되면 사람이 손과 눈으로 360도 회전하면서 검사를 한다. 사람이 눈으로 제품을 검사할 때의 오류율은 여러 요인에 따라 달라질 수 있으며, 일반적으로는 20%에서 30% 사이의 오류율을 보인다. 이는 검사자의 피로도, 경험, 주의력, 검사 환경 및 조건 등에 크게 영향을 받는다.

이러한 오류율은 제조 공정에서 중요한 품질 관리 문제로 간주하며, 이를 해결하기 위해 AI와 융합된 비전 검사 시스템과 같은 기술적 솔루션이 널리 도입되고 있다. 자동화 시스템은 일관성과 반복성을 제공하며, 사람의 검사에 비해 훨씬 낮은 오류율을 달성할 수 있다.

이를 개선하기 위해 로봇, 카메라, 조명, 비전 기술에 AI 딥 러닝 기술을 융합한 하이브리드 비전 검사 시스템을 도입해 고객에서 완벽한 품질을 제공하는 신뢰성을 확보한다.

참고문헌

김은 외(2017).『4차 산업혁명과 제조업의 귀환』.클라우드나인.

나형배 외(2020).『스마트 공장 개론』. 도서출판 청람.

신동민 외(2017). 『제4차 산업혁명의 예술; 스마트 제조』. 이프레스.
인더스트리뉴스(2024.5.2.),www.industrynews.co.kr,
[케이스스터디] 하이브리드 비전검사 'KITOV.AI 시스템',
비전문가도 손쉽게 외관검사 수행,
https://www.industrynews.co.kr/news/articleView.html?idxno=53146
하원규 · 최남희(2015). 『제4차 산업혁명』.㈜콘텐츠하다.
해외정보자료(2023.7.4.). Blog, 제조 DX 추진을 위한 외관검사 자동화 가이드북,
https://m.blog.naver.com/dhdkdltl1/223146323142
Augury Blog(2022.11.1), Augury Homepage(www.augury.com), How Process Health Augments Human Expertise – And The Bottom Line,
https://www.augury.com/blog/production-health/how-process-health-augments-human-expertise-and-the-bottom-line/
Jay Lee(2019). Industrial AI, Application with Sustainable Performance. Springer.
Kitov Cass Study(2021.10.18). Kitov.ai Homepage, Global Leader in Plastic Parts Solves Injection Molding, Assembly Challenges With Kitov Hybrid Deep Learning Vision Solution,
https://kitov.ai/global-leader-in-plastic-parts-solves-injection-molding-assembly-challenges-with-kitov-hybrid-deep-learning-vision-solution/

03
AI 도입과 경제적 효과

기업에서 투자 후 3년 내 투자 수익을 얻지 못하면 투자를 계속할 수 없다. 기술을 내재화하는 제조 기업은 경영이 비효율적인 곳이 많다. AI와 같은 신기술을 직원이 배워 경제적 가치를 창출하는 기업 대비 글로벌 기업은 시장에서 검증된 솔루션을 도입해 생산의 효율성과 차별화된 제품과 사업 모델을 만들어 시장을 지배한다. AI 중심의 가치 창출에 집중한다.

AI와 난임 극복?

AI 도입 함정

AI를 정확하게 이해하지 못하면서 AI를 도입하려는 기업이 많다. AI는 사람이 학습시켜 인공지능의 두뇌 수준을 만들어 가는 것이지, 한번 도입했다고 AI가 스스로 학습해 문제를 해결해 주지 않는다. 그러나 임직원은 "AI가 모든 일을 해결해 줄 것이다"라고 기대한다. 이는 솔루션을 도입하고 방치하는 경우다. 결국 AI 아기가 태어나 반복 교육으로 성장하도록 지속 지도해야 하는데 돌봐 주지 않고 스스로 크겠지 방치하다 성장 못하고 그냥 죽는 것과 같다.

그래서 기업은 AI 전문가를 충원하고 기술 내재화를 위해 많은 인력을 투입하고 있지만 성과를 못 낸다. 또 다른 이유는 전문 부서별 담당 문제를 해결하기 위해 데이터를 분석하고, 머신러닝 모델을 만들어 운영하기 때문이다. 역동적으로 복잡하게 변화하는 생산 현장을 단순히 설비, 생산, 품질, 에너지, 환경, 안전 등 분야별 문제로만 보고 있다. 종합적 관점에서 협업해 문제를 해결하려는 접근보다는 각자가 AI 모델을 만들어 추진하지만, 항상 근본 원인은 숨어 있다.

기술 내재화의 중요성을 강조하면서 많은 시행착오로 개발팀과 생산, 설비, 연구팀 간의 사일로(Silo) 조직으로 벽만 두꺼워지고 있다. 기업의 핵심 제품을 개발하는 데 AI 기술 인력을 충원 개발하는 것은 필수이고, 핵심 기술 보안이 지속 성장의 큰 열쇠다. 그러나 일반적인 생산 공장의 설비 고장을 예측하고 공정 이상, 품질 불량을 예측하는 AI는 개발보다는 글로벌 시장에서 검증된 솔루션을 도입하는 것이 훨씬 경제적일 수 있다. 경제성이 없는 기술 내재화는 과감하게 버리고 전문 기업과 협업해 최소의 인력으로 최대의 효과를 보도록 생각 전환이 필요하다.

기업은 3년 내 투자금을 회수할 수 있는 경제적 도입 가치가 없다면 투자해서는 안 된다. AI 도입은 인재 육성용이 아니라 최적의 경제적 가치 창출이 목적이다.

3D 작업 혁신과 경제적 가치 창출

제조 현장의 3D(Dangerous, Dirty, Difficult) 작업이나 단순 반복 작업을 자동화하고 AI 솔루션을 도입해 지능형 공장을 만들고, 사무실의 행정 업무를 AI가 대신해야 경제적 가치가 있다.

제조 현장에서 AI가 맡을 역할은 자동화와 로봇화다. 3D 작업과 단순 반복 작업은 지능형 로봇과 자동화한 기계가 담당한다. 예를 들어, 부품 조립 공정에서 로봇이 부품을 정확하게 조립하고, 3D 프린팅 기계가 복잡한 부품을 생산하는 역할을 한다. AI는 고급 데이터를 분석할 수 있다. 생산 현장에서 측정된 센서 데이터를 분석해 활용하는 것이다. AI는 제조 공정에서 발생하는 다양한 센서 데이터를 실시간으로 분석해 고장 예측을 수행하거나 생산 설비의 효율성을 최적화한다. 예를 들어, 머신러닝 모델을 사용해 고장 패턴을 인식하고, 정비 일정을 예측해 생산 중단 시간을 최소화하는 것이다.

사무실에서 AI가 맡을 역할은 외부 데이터 분석 및 시장 예측을 기반으로 한 새로운 기획이다. AI는 경쟁사의 동향, 시장 수요 예측, 금융 · 경제 지표 분석 등 사내외 외부 데이터를 기반으로 중요한 전략적 결정을 지원한다. 예를 들어, 자연어 처리 기술을 사용해 금융 보고서를 분석하고, 경쟁사의 새로운 제품 출시 계획을 예측할 수 있다. 실시간 의사 결정 지원으로 AI는 월말 종합 분석과 보고서 작성을 자동화해 빠르고 정확한 데이터 기반의 의사 결정을 돕는다. 예를 들어, 머신러닝 알고리즘을 사용해 수주 데이터를 분석하고, 수익성이 높은 고객 그룹을 식별하며 마케팅 전략을 최적화할 수 있다. 여기서 얻는 경제적 가치는 생산성 향상이다.

제조 현장에서 AI에 의한 자동화와 로봇화는 인력 비

용 감축과 생산성을 향상이다. 예를 들어, 기계가 담당하는 반복 작업을 자동화하면 인간의 실수를 줄이고 생산 설비의 안정성을 높일 수 있다. 이는 생산량을 증가하고 제품의 품질을 향상한다.

AI 솔루션을 적용해 제조 현장과 사무실에서 성공적인 결과를 얻은 제조 기업들의 사례는 여러 곳에서 확인할 수 있다. 다음은 AI 기술을 통해 생산성 향상, 인력 절감, 품질 향상, 원가 절감, 납기 단축 등의 경제적 효과를 실현한 몇 가지 실제 사례다.

보쉬: AI 기반 품질 검사와 생산 최적화

보쉬(Bosch)는 글로벌 기술 및 서비스 기업으로서 자동차 부품, 산업 기술, 소비재 및 건축 기술을 포함한 다양한 분야에서 사업을 운영하고 있다. AI 적용 분야는 품질 검사다. 보쉬는 AI를 활용해 제품의 품질 검사 공정을 자동화했다. 이미지 처리 기술과 머신러닝을 통해 결함을 실시간으로 감지하고 분류했다. 그리고 생산 최적화에 적용했다. AI 기반 분석을 통해 생산 라인의 병목 현상을 식별하고, 프로세스를 최적화해 생산성을 높였다.

경제적 효과로는 품질 검사 속도가 최대 30% 향상되었고, AI를 통한 결함 감지로 불량률이 약 20% 감소했다. 검사에 필요한 인력이 줄어들어 연간 약 10%의 인건비를 절감했다.

폭스콘: AI 기반 로봇 자동화

폭스콘(Foxconn)은 세계 최대의 전자제품 제조업체로, 대량 생산 공정에서 AI와 로봇 자동화를 도입해 효율성을 극대화하고 있다. AI 적용 분야는 로봇 자동화다. 조립 공정에 AI 기반 로봇을 도입해 단순 반복 작업을 자동화하고, 인력 의존도를 낮추었다. 생산 라인 최적화에 적용해 AI 분석으로 생산 라인의 효율성을 지속적으로 모니터링하고 개선했다.

경제적 효과는 조립 공정 자동화로 인력을 약 30% 절감했고 생산 속도가 25% 증가해 납기 단축에 기여했다. 자동화된 품질 검사로 불량률을 15% 감소했다.

장비 제조사의 혁신적 성장 전략

장비 제조사가 아무리 훌륭한 장비를 개발하고 판매해도, 중국에서 바로 복제품이 나오고 더 싼 제품이 출시되어 지금과 같은 방식으로는 개발 비용도 벌지 못하고 경영이 어려운 상황에 봉착한다. 해결 방법으로 설비를 설계 · 제작할 때 자산 관리 셸(AAS: Asset Administration

Shell) 기반의 디지털 트윈으로 개발하고, 설비 부품의 마모 · 열화 시기, 품질 불량의 발생 시점을 사전에 예측하는 AI 기반의 똑똑한 장비를 개발하는 방안이 있다. 똑똑한 장비를 고객사에 무상으로 공급 · 설치해 주고 매월 사용한 양만큼 비용을 받는 구독 경제 체제로 전환해 많은 고객을 확보하는 시장 선점 전략도 수립해 실행할 만하다.

장비 제조 기업에 주는 경제적 효과로는 기술 혁신 및 경쟁력 강화다. AI 기반 디지털 트윈을 활용한 똑똑한 장비를 개발해 기술 혁신의 선두 주자가 된다. 이는 기업의 경쟁력을 크게 향상할 수 있다. 중국에서의 복제 문제를 해결하고, 더 나아가 비교우위의 경쟁력을 갖출 수 있다.

구독 경제 체제를 도입해 초기 판매 비용을 낮추고, 고객들에게 지속적인 서비스를 제공한다. 매월 사용량에 따라 비용을 받는 구조는 예측할 수 있는 수익 모델을 제공하며, 장기적인 안정성을 확보할 수 있다. 똑똑한 장비를 무상으로 제공하고, 구독 형태로 서비스를 제공해 고객들의 진입 장벽을 낮춘다. 고객은 초기 비용 부담이 줄어들고, 기술적 지원을 지속해 받는다. 이는 장기적인 고객 충성도를 증대한다. 또한 구독 모델은 장비의 사용 및 유지 보수의 추가 수익을 창출한다. 특히 AI 기반 예측 유지 보수 서비스는 고장 예방 및 설비 효율성을 높이는 데 중요한 역할을 한다.

이러한 똑똑한 장비를 사용하는 제조 기업에 주는 경제적 효과는 부품의 마모 · 열화 시기의 사전 예측과 관리로 생산 중단 시간 감축과 생산 효율성의 향상이다. 또한 똑똑한 장비는 품질 불량을 사전에 예측하고 방지할 수 있다. 이는 고객 만족도를 높이고, 불필요한 재작업과 불량품 발생을 줄여 생산 비용 절감에 기여한다.

AI 기술을 활용한 스마트 장비는 에너지 소비를 최적화하고, 자원 사용 효율성을 높이는 등의 장점을 제공한다. 이는 생산 과정의 비용 절감을 끌어내며 경제적 이점을 가져다준다. 기술적 지원과 전문성을 확보해 구독 모델을 통해 제공되는 지속적인 기술 지원은 제조업이 최신 기술에 대응할 수 있게 돕는다. 이는 기술적 역량 강화와 함께 기업의 경쟁력을 유지에 중요한 역할을 한다.

이와 같은 구독 경제 체제와 AI 기반 장비 도입 전략은 장기적으로 기업의 성장과 안정성을 도모하며, 제조 및 사용하는 기업 모두에게 경제적 가치를 창출할 수 있게 한다.

참고문헌

김용진(2020). 『온디맨드 비즈니스 혁명, 오직 한 사람에게로』. ㈜쌤앤파커스.

진성옥(2021). 『돈이되는 스마트공장 구축방법』. 도서출판 다온.

한국표준협회 스마트혁신센터(2019). 『스마트 공장 대한민국을 혁신하다』. 한국표준협회미디어.

Greg Shaw Forewordm Caglayan Arkan(2019). *THE FUTURE COMPUTED AI & Manufacturing*, Microsoft Corporation. 한국마이크로소프트 옮김(2019). 『인공지능으로 변화될 미래 AI 및 제조업』, 한국마이크로소프트.

04
가치 사슬 기업 간 협업 생산 AI

기업 혼자 제품을 잘 만들어 수출하는 시대는 지났다. 제품을 만드는 과정에서 공급망에 있는 모든 기업 간 탄소 배출량, 원산지 추적은 물론 유연 자율 생산을 위한 생산 계획, 품질, 자재 수급 상황 등 관련 정보를 공유, 협업한다.
필요한 정보를 적시에 공유해 탄소 배출 저감, 재고 제로화 등 새로운 가치를 창출해 나갈 수 있다.

AI와 사주?

글로벌 비즈니스의 새로운 패러다임

현대의 글로벌 비즈니스 환경은 빠르게 변화하고 있다. 단순히 기업이 독자적으로 제품을 개발하고 수출하던 시대는 이미 지났다. 오늘날 기업은 가치 사슬 내의 모든 단계에서 협업하고 정보를 공유해야만 지속 가능한 성장을 이룰 수 있다. 특히 AI의 발전은 이러한 협업을 더욱 효과적으로 만든다.

광산에서 최종 소비자에 이르기까지의 가치 사슬에서 기업들이 어떻게 정보를 공유하고 협업해 새로운 가치를 창출할 수 있는지 공유한다.

원료 채굴 및 운송

광산에서 원료를 채굴하는 단계에서는 환경 보호와 자원 관리가 중요한 이슈다. AI는 채굴 과정에서 발생하는 탄소 배출량을 실시간으로 모니터링하고, 최적의 채굴 방법을 제안해 환경 영향을 최소화할 수 있다. 또한 원료의 운송 과정에서도 AI는 경로 최적화와 에너지 효율성을 높여 탄소 발자국을 줄이는 데 기여할 수 있다. 이러한 정보를 다른 가치 사슬 기업들과 공유하면 전체 공급망의 탄소 배출을 감소시킬 수 있다.

제련 및 소재 가공

채굴된 원료는 제련 과정을 통해 소재로 가공된다. 이 과정에서도 AI는 에너지 사용량을 최적화하고, 생산 효율성을 높이는 데 중요한 역할을 한다. 예를 들어, 제련 공정에서 발생하는 폐열을 재활용하거나, 불량품을 줄이는 품질 관리 시스템을 도입할 수 있다. 이를 통해 생산 비용을 절감하고, 환경에 미치는 영향을 줄일 수 있다. 제련 및 가공 데이터를 가치 사슬의 다음 단계로 전달하면, 소재의 품질과 특성을 미리 파악해 부품 조립 과정의 효율성을 높일 수 있다.

부품 조립 및 생산

소재가 가공되면 부품으로 조립되어 최종 제품 생산에 사용된다. 이 단계에서는 AI 기반의 유연 자율 생산 시스템이 중요하다. 이러한 시스템은 생산 계획을 자동으로 조정해 수요 변화에 신속하게 대응하고, 재고를 최소화할 수 있다. 또한 AI는 생산 공정에서 발생하는 데이터 분석으로 품질 문제를 사전에 감지하고 해결할 수 있다. 이를 통해 생산 효율성을 극대화하고, 불량품을 줄여 소비자에게 더 높은 품질의 제품을 제공할 수 있다.

완제품 수출 및 고객 사용

완성된 제품이 수출되어 고객에게 전달되면, 제품 사용 단계에서도 AI의 역할은 계속된다. 스마트 제품은 사용 데이터를 실시간으로 수집해 제품의 상태를 모니터링하고, 고객의 사용 패턴을 분석해 맞춤형 서비스를 제공할 수 있다. 이를 통해 고객 만족도를 높이고, 제품의 수명을 연장할 수 있다. 또한 제품 사용 데이터를 제조기업과 공유해 차세대 제품 개발에 반영할 수 있다.

사용 후 수거 및 재활용

제품이 수명을 다하면, 수거 및 재활용 단계가 시작된다. AI는 폐기물 관리 시스템으로 수거된 제품에서 재사용 가능한 부품을 식별하고, 이를 효율적으로 분해해 재활용할 수 있다. 이를 통해 자원 낭비를 줄이고, 새로운 자원을 채굴할 필요성을 감소시킨다. 또한 재활용 데이터를 가치 사슬 내의 다른 기업들과 공유해 전체적 자원 순환 경제를 구축할 수 있다.

가치 사슬의 모든 단계에서 AI를 활용한 정보 공유와 협업은 기업들이 탄소 배출을 줄이고, 자원을 효율적으로 관리하며, 높은 품질의 제품을 제공할 수 있게 한다. 이러한 협력은 지속 가능한 성장을 가능하게 하며, 기업에 새로운 가치를 창출할 기회를 제공한다.

SDM 기반 미래형 자율 제조 전략

지난 10년 동안 추진해 온 인더스트리4.0은 단일 제조 기업의 생산 효율성(Quality, Cost, Delivery: 품질, 비용, 납기)을 높이는 데 많은 기여했다. 그러나 급변하는 글로벌 시장 환경에서는 더 이상 개별 기업의 생산 효율성만으로는 충분하지 않다. 이제는 제품 생애 주기 전체를 종합적으로 관리하는 체계가 필요하다. 이를 위해 소프트웨어 정의 제조(SDM, Software Defined Manufacturing) 패러다임이 대두되고 있다. 이는 기존 제조 기업의 문제점을 보완하고, 새로운 SDM 기반의 자율 생산 체계를 구축해 미래의 글로벌 제조 시장을 선점할 수 있다. 기존 시스템은 다음과 같은 문제점을 해결해 나가도록 시스템을 개선해 나가야 한다.

시스템 통합의 어려움

기존의 제조 기업은 다양한 장비와 솔루션을 도입했으나, 서로 다른 시스템 간의 통신이 원활하지 않아 성능을 최대한 활용하지 못했다. 이 때문에 생산 공정에서 비효율이 발생하고, 유연한 생산이 어려웠다. 이를 해결하기 위한 방법은 SDM을 통한 시스템 통합이다. SDM은 물리적 공장과 소프트웨어를 완전히 분리해 어떤 설비가 들어와도 쉽게 소프트웨어와 연결할 수 있게 한다. 이를 통해 각기 다른 장비와 시스템이 단일 플랫폼에서 통합적으로 운영될 수 있다. SDM 기반의 데이터 스페이스 플랫폼은 표준화한 인터페이스를 제공해 장비 간의 원활한 통신을 보장하고, 생산 공정의 유연성을 높인다.

재고 관리의 비효율성

기존의 제조 시스템에서는 생산 계획에 따라 소재가 창고를 경유한 후 공장에 투입되는 방식이 일반적이었다. 이는 불필요한 재고를 발생시키고, 자원의 낭비를 초래한다. 해결책은 JIT(Just-In-Time) 생산 계획이다. SDM을 도입하면 생산 계획에 따라 필요한 소재가 순차로 입고되어 창고를 거치지 않고 바로 공장에 투입될 수 있다. 이를 통해 재고를 최소화하고, 자원을 효율적으로 관리할 수 있다. JIT 생산 계획은 고객의 수요 변화에 신속하게 대응할 수 있으며, 생산 공정의 유연성을 극대화한다.

고객 맞춤형 생산의 한계

기존의 생산 체계에서는 고객이 원하는 모델의 제품을

유연하게 생산하기 어려웠다. 이는 고객 만족도를 저하시킬 뿐만 아니라, 시장 경쟁력에서도 불리한 위치에 놓이게 한다. 주요 해결책은 경제적인 자율 생산 체계다. SDM 기반의 자율 생산 체제는 고객의 요구에 맞춘 맞춤형 제품 생산을 가능하게 한다. AI와 머신러닝 알고리즘을 통해 실시간으로 생산 계획을 조정하고, 개별 고객의 요구에 따라 생산 라인을 유연하게 변경할 수 있다. 이를 통해 고객 만족도를 높이고, 시장 경쟁력을 강화한다.

친환경 및 친인간적인 생산 공정 부족

기존의 제조 공정은 환경에 미치는 영향이 크고, 노동자의 작업 환경도 열악한 경우가 많다. 이는 기업의 지속가능성과 이미지에 부정적 영향을 미친다. 이를 위해 친환경, 친인간적인 SDM 공장을 구축한다. SDM을 도입한 공장은 친환경적이고, 친인간적인 생산 공정을 구축할 수 있다. 에너지 효율성을 극대화하고, 폐기물 발생을 최소화하는 시스템으로 환경 보호에 기여할 수 있다. 또한 자동화한 생산 공정은 노동자의 안전과 작업 환경을 개선해 친인간적인 공장을 만들 수 있다.

소프트웨어 정의 자율 생산 체제는 제조 기업의 기존 문제점을 해결하고, 미래 글로벌 제조 시장에서 경쟁력을 확보할 수 있는 핵심 전략이다. SDM으로 시스템 통합, 재고 관리, 고객 맞춤형 생산, 친환경 및 친인간적 생산 공정을 구현해 지속 가능한 성장을 이루고 새로운 가치를 창출할 수 있다.

SDM 구축 시 제조·공급 기업 고려 사항

제조 기업에서 SDM을 구축하기 위해서는 기존 공장보다는 신규로 공장을 건설하는 게 적합하다. 하드웨어 계층과 소프트웨어 계층을 완전히 분리한다. 어떠한 하드웨어와 관계없이 소프트웨어가 쉽게 데이터 통신하고 플러그앤드프로듀스(Plug & Produce, 제조 환경에서 새로운 장비나 시스템을 별도의 복잡한 설정이나 시운전 없이 빠르게 연결해 바로 생산을 시작할 수 있는 개념)하려면 국제 표준에 따라 설계 · 개발해 도입한다. 국제 표준에 따라 제조 기업이 장비나 설비를 새로 도입 시 고려할 사항과 소프트웨어를 설계 · 제작해 공급하는 솔루션 기업이 반드시 준수해 SDM을 달성하기 위한 고려 사항은 다음과 같다.

첫째, 국제 표준을 준수해 도입한다. 예를 들어, OPC-UA(Open Platform Communications Unified Architecture) 통신 표준으로 장비 간 통신이 원활하게

표준화한 데이터 모델과 통신 프로토콜을 사용한다. OPC-UA는 이기종 장비 간의 상호 운용성을 보장하며, 공장 자동화 시스템의 확장성과 유연성을 제공한다. 데이터 모델에서 AAS(Asset Administration Shell) 표준에 따른다. 장비와 자산의 디지털 트윈을 구현해 자산의 상태, 속성, 성능 등을 디지털 방식으로 관리할 수 있게 한다. AAS는 자산의 디지털 표현을 통해 데이터 교환을 쉽게 하고, 스마트 제조를 지원한다.

둘째, 하드웨어 계층의 유연성 확보를 위해 모듈화로 설계된 설비를 도입한다. 설비를 모듈화해 필요에 따라 쉽게 추가 · 교체할 수 있게 설계한다. 이는 생산 라인의 재구성을 빠르게 수행할 수 있게 해 생산 유연성을 향상시킨다. 표준 인터페이스를 사용해 장비 간 연결을 표준 인터페이스로 수행해, 다양한 제조 장비가 쉽게 통합될 수 있게 한다.

셋째, 데이터 통신 인프라를 구축한다. 고속 네트워크 인프라는 실시간 데이터 통신을 지원할 수 있게 공장 내에 고속의 안정적 네트워크 인프라를 구축한다. 이는 IoT(Internet of Things) 장치와 센서 데이터의 빠른 전송을 가능하게 한다. 데이터 보안 강화로 데이터 통신 시 발생할 수 있는 보안 문제를 방지하기 위해 강력한 보안 프로토콜을 적용한다.

넷째, 플러그앤드프로듀스 기술이 적용된 장비와 소프트웨어를 도입한다. 새로운 장비가 추가될 때 자동으로 장비를 인식하고 설정할 수 있는 시스템을 마련한다. 이는 공장의 유연성과 적응성을 극대화한다. AI 솔루션이 자체 진단과 오류 수정 기능을 가진 설비를 도입해 다운타임을 최소화한다.

마지막으로 고객 맞춤형 제품을 생산하도록 생산 공정을 유연하게 조정할 수 있도록 시스템을 설계한다. 실시간 데이터를 활용해 생산 공정과 장비 운용을 최적화하는 AI 기반의 의사 결정 체계를 마련한다.

솔루션 기업이 SDM을 달성하기 위해 준수할 고려 사항은 첫째, 소프트웨어 계층의 독립성 확보다. 다양한 하드웨어 플랫폼에서 동작할 수 있게 소프트웨어를 개발해, 하드웨어 교체 시에도 소프트웨어 수정이 최소화되게 한다. 공급하는 모든 소프트웨어는 표준화한 API(Application Programming Interface: 소프트웨어 응용 프로그램 간의 상호 작용을 가능하게 하는 인터페이스)를 제공한다. 다른 시스템과의 통합을 쉽게 표준화된 API를 제공해, 소프트웨어와 하드웨어 간의 원활한 통신을 지원한다.

둘째, AAS와 같은 데이터 표준 모델을 사용해 데이터 상호 운용성과 통합이 가능하게 설계한다. 데이터의 일관성을 보장하고 다양한 시스템 간의 데이터 통합이 쉽도록 데이터 모델을 표준화한다. 생산 데이터의 분석 및 시각화를 지원하는 도구를 제공해, 사용자가 데이터 기반으로 의사 결정을 쉽게 할 수 있게 한다.

셋째, 데이터 보안 체계 구축으로 데이터 암호화, 접근 제어, 모니터링 등의 보안 체계를 구축해 데이터의 안전성을 보장한다. 개인정보 보호 준수를 위해 데이터 처리 시 개인정보 보호 규정을 준수해 사용자의 개인정보를 보호한다.

넷째, 시스템 성장에 따라 소프트웨어가 쉽게 확장될 수 있게 아키텍처를 설계한다. 소프트웨어 설계 시 지속적 업데이트와 유지 보수로 최신 기능과 보안 패치를 제공할 수 있게 설계한다.

마지막으로 직관적인 사용자 인터페이스로 사용자가 쉽게 사용할 수 있게 사용자 친화적인 인터페이스를 설계한다. 사용자가 소프트웨어를 효과적으로 활용할 수 있게 교육하고 기술을 지원한다.

참고문헌

김들풀 외(2020). 『코로나 이후 대전환 시대의 미래 기술 전망』. 호이테북스.

김인숙 · 남유선(2016). 『4차 산업혁명, 새로운 미래의 물결』. 호이테북스.

Cooper, R. G.(2011). *Winning at New Products, Perseus Books Group*. 류강석 외 옮김(2016). 『신제품 개발 바이블』. 진성북스.

Xu, L., et al.(2021). Reshaping the Landscape of the Future: Software Defined Manufacturing, www.computer.org.

CESMII(2023). Roadmap for Automotive Smart Manufacturing, www.USCAR.org

Graf, U. & Lou, D.(2023). Software Defined Manufacturing, *An Industry IoT Consortium Whitepaper*, Industry IoT Consortium.

05
디지털 트윈 공장과 제품 AI

"미래를 준비하는 기업이 되자. 현실에 치중하는 기업은 지속성이 없다." 원료부터 소재, 부품, 완제품이 가상의 공장에서 물리화학적으로 동일한 성능을 가진 쌍둥이 제품을 출시한다. 기업 간 운영되는 클라우드 데이터 스페이스 플랫폼에서 필요한 제품의 디지털 트윈을 교환해 상호 계약하고 제품을 만들어 판매하는 시대에 대비한다.

AI와 아이돌?

디지털 트윈: 미래 제조업 혁신의 열쇠

현대 제조업은 혁신의 기로에 서 있다. 현실에만 치중하는 기업은 지속성을 유지하기 어렵지만, 미래를 준비하는 기업은 살아남을 것이다. 디지털 트윈 기술은 제조업의 패러다임을 바꾸고 있다. 원료부터 완제품에 이르기까지 가상의 공장에서 물리적, 화학적으로 동일한 성능을 가진 쌍둥이 제품을 만드는 시대가 도래하고 있다. 이는 제조 기업이 디지털 트윈 기술을 도입하고, 미래를 대비하기 위한 전략이 필요한 이유다.

디지털 트윈이란 무엇인가? 이것은 물리적 객체나 시스템의 가상 복제본이다. 이 기술은 센서, IoT(Internet of Things, 사물인터넷), AI를 활용해 실제 제품이나 공장의 데이터를 실시간으로 수집하고 분석한다. 이를 통해 가상 환경에서 실제와 동일 조건에서 시뮬레이션을 수행하고, 최적의 설계와 운영 방안을 도출한다.

디지털 트윈의 공장: 현실과 가상의 융합

미래 제조 공장은 디지털 트윈으로 가상 환경에서의 시뮬레이션을 기반으로 운영된다. 이는 생산 공정의 최적화, 품질 관리, 유지 보수 예측 등을 가능하게 하며, 생산성을 극대화한다. 제조 기업이 디지털 트윈의 공장을 준비하기 위한 첫 단계는 데이터 인프라 구축이다. 디지털 트윈 구현을 위해서는 방대한 양의 데이터가 필요하다. 이를 위해 센서와 IoT 장치를 설치해 실시간 데이터를 수집하고, 이를 분석할 수 있는 데이터 인프라를 구축해야 한다.

다음은 클라우드 플랫폼 활용이다. 디지털 트윈 데이터는 클라우드 데이터 스페이스 플랫폼에서 관리한다. 제조 기업은 이러한 플랫폼으로 데이터를 안전하게 저장하고, 필요 시 다른 기업과 공유할 수 있는 환경을 마련한다.

마지막으로 수집된 데이터를 효과적으로 분석하기 위해 AI와 머신러닝 기술을 도입한다. 이를 통해 생산 공정 문제를 사전에 예측하고, 최적의 해결 방안을 도출한다.

디지털 트윈의 제품: 설계와 생산의 혁신

디지털 트윈 기술은 제품 설계와 생산 과정에서도 큰 혁신을 가져올 것이다. 가상의 제품을 통해 다양한 시나리오를 시뮬레이션하고, 최적의 설계를 도출할 수 있다. 제조 기업이 디지털 트윈 제품을 준비하기 위해 먼저 제품의 가상 프로토타입을 개발해 다양한 환경에서 성능을 시뮬레이션한다. 이를 통해 실제 제품 출시 전에 문제점을 발견하고 수정할 수 있다. 다음으로 클라우드 데이터 스페이스 플랫폼으로 필요한 디지털 트윈을 교환하고, 상호 계약해 물리적 제품을 제작·판매할 수 있는 협업 환경을 구축한다. 마지막으로 실제 제품이 출시된 후에도 디지털 트윈으로 지속 모니터링하고, 사용자의 피드백을 반영해 제품을 개선한다. 이를 통해 고객 만족도를 높이고, 제품의 경쟁력을 강화할 수 있다.

미래를 대비하는 전략

디지털 트윈 기술을 도입하고 미래를 대비하기 위해 제조 기업이 사전에 준비해야 할 전략은 첫째, 조직 내에서 혁신 문화를 구축하고, 디지털 트윈 기술의 중요성을 인식하게 하는 것이다. 이를 위해 교육과 훈련 프로그램을 마련해 임직원의 역량을 강화한다. 둘째, 디지털 트윈 기술 도입을 위해 기술 파트너와의 협력을 강화해야 한다. 이를 통해 최신 기술을 빠르게 도입하고, 기술적 지원을 받을 수 있다. 셋째, 디지털 트윈 기술을 활용한 새로운 비즈니스 모델을 개발한다. 이를 통해 시장 변화에 유연하게 대응하고, 새로운 기회를 포착할 수 있다.

디지털 트윈 기술은 제조업의 미래를 변화시킬 강력한 도구다. 제조 기업은 디지털 트윈을 도입하고, 이를 기반으로 한 혁신적 생산 공장과 제품을 준비해 미래의 글로벌 제조 시장에서 경쟁력을 확보해야 한다.

부품 제조의 미래: 디지털 트윈 필수 전략

수출 중심의 제조 기업은 다양한 부품을 생산해 독일, 미국 등 4차 산업혁명을 선도하는 국가들에 수출하고 있다. 부품을 공급받는 글로벌 기업은 개인 맞춤형 자율 생산을 위해 디지털 트윈 기반 설계, 제작, 공급 및 서비스를 추진 중이다. 앞으로 글로벌 기업은 자사 제품에 부품을 공급하는 기업에 디지털 트윈의 부품을 요구할 것이다. 부품을 생산하는 기업은 자사의 디지털 트윈 공장에서 자율 생산해 디지털 트윈 부품을 만들어 공급하는 비즈니스 환경으로 전환해야 하는 이유다.

제조 기업에서 생산 공장의 효율성을 높여 고객이 원하는 제품을 맞춤형으로 생산 공급하려면 자율 생산 공장을 구축해야 한다. 자율 생산 공장은 디지털 트윈 공장을 구축하지 못하면 불가능하다. 디지털 트윈 공장은 열화나 마모가 일어나지 않고, 물리적 공장과 측정 데이터를 비교 분석해 미세한 변화를 탐지하고 부품의 마모, 열화 정도를 예측해, 필요 시 부품을 교환해 안정적으로 제품을 생산한다. 디지털 트윈 공장을 만들려면 공급되는 모든 소재, 부품부터 장비, 생산 공정까지 모두 디지털 트윈화해야 한다.

장비를 디지털 트윈화하려면 여기에 사용되는 모든 부품을 디지털 트윈화해야 한다. 따라서 공장을 설계하는 기업부터 볼트/너트까지 생산하는 모든 공급사슬 기업군이 모두 자기 회사에서 생산하는 제품에 디지털 트윈를 만들어 제공하지 않으면 안 된다. 먼 나라의 이야기라고 생각하는 CEO는 이미 시대에 뒤떨어진 사고로 결국 회사를 어렵게 만들 것이다.

디지털 트윈의 경제적 가치

장비를 제조하는 부품 기업에서 최종 완성 장비를 생산하는 기업과 완성된 장비를 사용해 제품을 생산하는 제조 기업이 디지털 트윈을 구축해 활용하게 되었을 때 기업별 경제적 가치는 매우 크다.

부품 제조 기업은 다른 기업과 데이터 표준화 및 연결성을 갖도록 AAS(Asset Administration Shell) 기반의 디지털 트윈 부품을 만들어 제공한다. 상위 기업은 디지털 트윈으로 부품의 성능을 시험해 사양을 확정한다. 디지털 트윈으로 성능이 검증된 제품을 물리적 공장에서 생산하기 위해 디지털 트윈으로 만들어진 제조 공정에서 사전에 시뮬레이션하고 테스트할 수 있어, 실제 제품의 설계 · 생산 과정에서 발생할 수 있는 문제를 미리 예방하고 개선할 수 있다. 이는 제조 기업의 비용 절감과 생산 효율성 증대에 기여한다.

장비 제조 기업은 디지털 트윈을 활용해 여러 장비와 부품들의 데이터를 통합해 생산 공정을 관리하고 최적화할 수 있다. 이는 생산 속도와 품질을 개선하며, 생산 리드 타임을 단축시킨다. 자율적 운영으로 사이버 물리 시스템(CPS, Cyber physical systems) 기반의 디지털 트윈을 활용, 자율적으로 생산 공정을 조정하고 최적화할 수 있다. 이는 생산의 유연성을 높이고 시장 변화에 빠르게 대응할 수 있는 경쟁력을 제공한다.

공장 설계 · 운영 기업은 디지털 트윈 기술을 활용해 공장의 설계와 운영을 정밀하게 계획하고 관리할 수 있다. 이를 통해 에너지 효율성을 높이고 장비의 수명을 연장해 유지 보수 비용을 절감할 수 있다. 또한 CPS(Cyber Physical System: 사이버 물리 시스템) 기반의 디지털 트윈은 안전성과 환경 영향을 최소화해 지속 가능한 생산을 가능하게 하며, 이는 기업의 사회적 책임 이행과 환경 인증 요구를 충족시키는 데 기여한다.

디지털 트윈의 정밀한 데이터 분석 및 예측 능력은 기

업이 더욱 경쟁력 있는 제품을 생산하고 시장에서 성장할 수 있는 기반을 제공한다. 이를 통해 시장 진입 속도를 높이고, 시장 점유율을 확대하는 데 중요한 역할을 한다. 이러한 경제적 가치는 디지털 트윈을 전략적으로 구축하고 활용하는 기업들에서 두드러지며, 제조 산업 전반의 혁신과 성장을 주도하는 핵심 요소로 작용한다.

디지털 트윈 기술은 실제 제조업에서 생산성, 품질 향상, 고장률 저감, 원가 절감, 납기 단축 등의 측면에서 큰 경제적 가치를 제공하고 있다. 다음은 디지털 트윈을 활용해 성공적으로 투자 효과를 달성한 기업들의 사례다.

지멘스(Siemens): 디지털 트윈으로 생산 최적화

지멘스는 다양한 산업 분야에서 활동하는 글로벌 기술 기업으로, 디지털 트윈을 활용해 제조 공정을 혁신하고 있다. 적용 분야는 생산 공정 시뮬레이션이다. 지멘스는 디지털 트윈을 사용해 제품의 설계부터 제조까지 모든 단계를 시뮬레이션해 최적화했다. 이를 통해 생산 과정에서 발생할 수 있는 문제를 사전 예방하고 설계의 효율성을 극대화했다. 자산 관리로 AAS 표준을 활용해 기계와 장비의 디지털 트윈을 구축하고, 실시간으로 자산 상태를 모니터링하고 관리한다.

경제적 효과는, 공정 최적화로 생산성이 20% 증가하고, 실시간 모니터링과 예측 유지 보수로 기계 고장률이 15% 감소했다는 것이다. 불필요한 재료 사용과 에너지 소비를 줄여 약 10%의 비용을 절감했다. 지멘스는 독일 암베르크(Amberg) 공장에서 디지털 트윈을 적용해 모든 생산 데이터를 실시간으로 분석 · 최적화해 제조 공정을 자율적으로 조정한다. 이는 생산 리드 타임을 30% 단축하는 결과를 가져왔다.

롤스로이스(Rolls-Royce): 디지털 트윈으로 항공 엔진 관리

롤스로이스는 항공 엔진 제조업체로, 엔진의 운영 효율성과 신뢰성을 높이기 위해 디지털 트윈 기술을 적용하고 있다. 적용 분야는 엔진 성능 모니터링이다. 디지털 트윈을 사용해 항공 엔진의 실시간 상태를 모니터링하고, 최적의 성능을 유지할 수 있게 지원한다. 엔진 부품의 마모 상태를 예측해 사전에 유지 보수를 수행하고 고장을 예방하고 있다.

경제적 효과로는 디지털 트윈으로 고장 발생 빈도가 20% 감소했고, 예측 유지보수로 불필요한 점검을 줄여 비용을 15% 절감했다는 것이다. 엔진의 수명이 평균 10% 연장되었다.

롤스로이스는 인텔리전트 엔진(Intelligent Engine) 프로그램으로 디지털 트윈을 활용해 엔진의 실시간 데이터를 분석하고, 유지 보수 및 운영 전략을 최적화하고 있다. 이는 항공사 고객들에게 더 높은 신뢰성과 비용 효율성을 제공한다.

참고문헌

김경찬(2017). 『창의 설계』, 도서출판 좋은땅.

한석희 외(2015). 『인더스트리4.0』, 페이퍼로드.

한인구 외(2017). 『경영학자들의 한국 기업 경쟁력 제고 긴급 제안: 직각혁신이 답이다』, 매경출판(주).

06
새로운 가능성을 여는 생성형 AI

지금까지 기술 내재화로 수행했던 방식에서 새로운 외부 역량을 가진 기업들과 협업해 빠르게 변화하는 기술을 도입하고, 새로운 가치를 만들어야 한다. 생산 현장과 사무실에서 수행하는 모든 업무를 이제 생성형 AI로 대체할 수 있는 기술과 솔루션이 출시되고 있다. 기업 문화에 적합한 솔루션을 찾아 적용해 실질적 가치를 창출해야 한다.

AI와 야구?

Rule 기반에서 생성형 AI로 전환

기업들은 숙련된 기술을 형식지화해 'If ~ then ~ else' 규칙(Rule)을 만들고, 빅데이터를 이용해 미래를 예측하려는 시도를 많이 해왔다. 2010년대 말 AI 붐이 일어나면서 엔지니어들은 파이썬(Python), R 같은 프로그래밍 언어를 배우고 데이터를 분석해 현장에 적용해 왔다. 그러나 생산 현장은 복잡한 작업 조건과 정기 수리 이후의 공장 환경 변화로 정해진 규칙대로 작동하지 않는 경우가 많다. 예를 들어, 정비자가 핵심 설비의 고장을 찾아 규칙을 만들어 온라인에 적용했지만, 동일 조건의 고장은 이미 수리되어 더 이상 발생하지 않으므로 규칙 기반 소프트웨어의 활용성이 떨어졌다. 유사한 고장이 발생해 규칙을 성공적으로 개발했더라도, 다른 공장에 적용하려면 센서와 설비 사양, 작업 환경이 달라 다시 규칙을 만들고 적용해야 하는 어려움이 있다.

이러한 확산의 어려움으로 경제성이 부족했다. 이를 개선하기 위해 많은 기업은 빅데이터 기반 AI 알고리즘을 이용해 새로운 머신러닝 모델의 규칙을 적용, 경제적 가치를 창출하려고 시도해 왔다. 그러나 조직 간 협업과 데이터, 기술력 부족 등의 어려움에 직면하고 있다.

그러나 2023년 오픈AI(Open AI)의 생성형

(Generative) AI 기술인 ChatGPT가 출시되면서 상황이 바뀌었다. ChatGPT는 사무실과 공장에서 수행하는 모든 업무의 답을 순식간에 제공하고, 시장과 미래를 예측하는 솔루션을 개발해 기업에 도입되고 있다. 이 새로운 변화를 내재화한 기술력으로는 따라잡기 힘들다. 전문 기업과 협업해 신속하게 적용하고 빠른 경제적 효과를 얻으려는 시도가 필요하다.

시계열 AI와 생성형 AI의 융합 접근 방법

빅데이터를 사용한 AI 기술은 다양한 알고리즘이 개발되면서 급속도로 발전하고 있다. 데이터 사이언스의 다양한 AI 알고리즘에서 새로운 접근 방법으로 준 지도 학습(Semi- supervised Learning)과 자기 지도 학습(Self-supervised Learning) 기반의 시계열(Time Series) AI가 부상하고 있다. 또한 방대한 데이터를 학습하고 문맥을 이해하며 다양한 언어를 처리해 문제 해결 능력을 보여주는 대규모 언어 모델(LLM, Large Language Model) 기반의 생성형 AI로 발전하면서 상호 융합을 통한 가치 창출의 혁신이 기대된다.

연속 생산 공정에서 많이 운영되고 있는 시계열 AI 솔루션은 첫째, 제조 공정에서 지금까지 발생하지 않은 문제를 해결하기 위해 대량의 빅데이터를 자기 지도 학습해 기준 모델을 만들어 온라인 적용하는 통찰력(insight) 기능이 있다. 둘째, 돌발 고장, 공정 이상, 품질 불량 등 발생 실적을 사용해 운영 전문가가 라벨링(Labeling)한 소수의 데이터세트(Dataset)를 만들고, 이를 준지도 학습해 기준 패턴 모델을 만들어 운영하는 패턴(Pattern) 기능이 있다. 셋째, 여러 센서 간의 상·하한치 및 상호작용을 기반으로 규칙(Rule) 기능이 있다. 이 세 가지 기준 모델을 온라인에 적용해 예측되는 출력값을 이용해 종합 분석, 판단해 이상 발생을 사전에 종합 예측하는 규칙 기반의 의사 결정 모델(Rule based Decision Making Model)을 만들어 운영한다. 또한 제조 기업의 운영자나 전문가들이 자신의 경험과 지식을 AI 학습에 반영해 더 똑똑한 AI 솔루션을 만들고 운영할 수 있게 하면, 이들이 자부심을 느낄 수 있다. 이를 위해, 전문가들이 자신만의 경험을 AI에 적용할 수 있는 워크벤치(Work Bench) 기능을 제공하는 것이 좋다.

AI의 기술과 운영자의 경험적 전문 지식을 융합한 시계열 AI 솔루션으로 설비 고장, 공정 이상, 품질 이상 등을 사전 예측해 운영자에게 경고를 보내면 ChatGPT에서 근본 원인과 조치 방법을 제안하는 구현 방법이 있다.

먼저 데이터 통합 및 LLM 학습을 한다. 생성형 AI(ChatGPT)를 사용해, 사전에 공장 관련 모든 작업 표준서, 기술 표준서, 설비 · 센서 등 기술 사양서, 작동 기능도, 도면, 고장 이력, 공정 이상 이력, 품질 불량 이력, 에너지 과다 사용 이력, 환경오염 발생 이력 등 사내 자료와 사외 공통의 기술을 LLM으로 학습시킨다.

다음에 시계열 AI와 ChatGPT를 연동한다. 시계열 AI가 실시간으로 분석 · 판단해 사전 경고를 하면 이를 기반으로 ChatGPT는 경고한 태그(Tag)를 사용해 근본 원인을 분석해 조치하는 방법을 알려준다.

기계 고장 예측 및 대응 사례

- 상황: 생산 공정의 핵심 기계에서 이상 진동이 감지되었습니다. Time Series AI 솔루션이 이를 감지하고 사전 경고를 발생시켰습니다.
- 경고 내용: "기계 A에서 이상 소음 발생. 센서 Tag [Vibration_Sensor_01, Temperature_Sensor_ 05]"
- ChatGPT 분석 및 조치 안내:

☞ 분석: "Vibration_Sensor_01의 데이터에 따르면 베어링 손상 가능성이 높습니다. Temperature_ Sensor_05의 온도 상승 또한 확인되었습니다."

☞ 조치: "베어링 점검 및 교체가 필요합니다. 베어링 교체 절차는 다음과 같습니다. 필요한 도구: [리프트, 베어링 풀러]. 1. 기계를 안전하게 정지시킵니다. 2. 베어링 커버를 제거합니다. 3. 손상된 베어링 풀러를 분해해 제거합니다. 4. 새 베어링을 삽입하고 커버를 다시 장착합니다."

품질 이상 예측 및 대응 사례

- 상황: 특정 공정에서 제조된 제품에서 반복적으로 품질 불량이 발생하고 있습니다. Time Series AI 솔루션이 이를 감지하고 사전 경고를 발생시켰습니다.
- 경고 내용: "공정 B에서 품질 불량 증가. 관련 센서 Tag: [Pressure_Sensor_07, Flow_Sensor_03]"
- ChatGPT 분석 및 조치 안내:

☞ 분석: "Pressure_Sensor_07의 압력이 규정 범위를 초과하고 있으며, Flow_Sensor_03의 유속이 불안정합니다."

☞ 조치: "압력 조절 밸브와 유속 조절기를 점검해야 합니다. 압력 조절 밸브 점검 절차는 다음과 같습니다. 1. 밸브의 압력을 해제합니다. 2. 밸브 커버

를 분리하고 내부를 청소합니다. 3. 손상된 부품을 교체하고 재조립합니다. 유속 조절기 점검 절차는 다음과 같습니다…."

이처럼 시계열 AI 솔루션이 실시간으로 공정 데이터를 분석하고 이상 발생 시 사전 경고를 제공하면, ChatGPT는 이를 기반으로 핵심 태그와 관련 데이터를 분석해 근본 원인을 파악하고 구체적인 조치 방법을 제시할 수 있다. 이를 통해 제조 공정의 안정성과 품질을 유지하고, 문제 해결 시간을 단축하며, 운영 효율성을 극대화할 수 있다.

생성형 AI의 역할과 가치

생성형 AI는 제조 기업에서 임직원들과 협업해 다양한 경제적 가치를 창출할 수 있다. 생성형 AI는 생산 현장에서 설비의 유지 보수와 관리, 생산 공정의 최적화, 품질 관리 등 다양한 작업을 지원해 생산성과 품질을 크게 향상시킬 수 있다.

생성형 AI는 새로운 제품 개발과 사업모델 개발에서도 중요한 역할을 한다. AI는 방대한 양의 시장 데이터를 분석해 소비자 트렌드와 시장 요구를 파악하고, 이를 바탕으로 신제품 아이디어를 제안할 수 있다. 프로토타입 개발과 테스트 과정에서도 AI의 시뮬레이션 기능을 활용해 제품 개발 시간을 단축하고, 비용을 절감할 수 있다. AI는 또한 다양한 시나리오 분석으로 새로운 사업 모델을 제안하고, 이를 검증해 기업 혁신을 촉진한다.

생성형 AI는 제조 기업의 시장 경쟁력 강화에도 기여한다. AI 기반의 수요 예측 시스템은 정확한 판매 데이터를 바탕으로 향후 수요를 예측하고, 이에 맞춰 생산 계획을 조정할 수 있게 한다. 이는 재고 비용을 줄이고, 판매 기회를 극대화해 기업의 매출을 증대한다. 또한 AI를 활용한 고객 데이터 분석은 맞춤형 마케팅 전략을 수립하고, 고객 만족도를 높이는 데 기여한다. 이를 통해 기업은 시장 변화에 빠르게 대응하고, 경쟁사보다 우위를 점할 수 있다.

생성형 AI를 제조 기업에 적용해 생산성 향상, 품질 향상, 원가 절감, 고장률 감소, 납기 단축, 탄소 배출 저감 등의 경제적 가치를 창출한 사례는 여러 곳에서 확인할 수 있다. 다음은 이러한 사례들을 통해 생성형 AI가 실제로 어떤 효과를 발휘했는지 구체적인 사례들이다.

쉘(Shell) : AI 기반의 유지보수 및 탄소 배출 저감

쉘은 글로벌 에너지 기업으로, 생산 설비의 유지 보수와 에너지 효율성 개선을 위해 생성형 AI를 도입했다. AI 적용 분야는 예측 유지 보수다. AI를 활용해 설비 상태를 실시간으로 모니터링하고, 고장 패턴을 분석해 예측 유지 보수를 수행했다. 탄소 배출 저감과 AI 기반 최적화 시스템으로 에너지 소비를 관리하고, 탄소 배출을 줄이는 방안을 실행했다.

경제적 효과는, 예측 유지 보수로 설비 고장률을 20% 감소하고, 유지 보수 비용을 15% 절감했다는 것이다. 불필요한 설비 가동 중단 시간을 최소화하고 에너지 효율성 개선으로 탄소 배출량을 연간 10% 감소했다.

쉘은 생성형 AI 기술을 활용해 유전에서 발생하는 데이터의 패턴을 분석하고, 예측 모델로 유지 보수 활동을 최적화했다. 이는 설비의 가동 시간을 늘리고, 탄소 발자국을 줄이는 데 기여했다.

파나소닉(Panasonic): AI로 신제품 개발과 사업 모델 혁신

파나소닉은 전자제품 제조업체로, 신제품 개발과 사업 모델 혁신을 위해 생성형 AI를 활용하고 있다. AI 적용 분야는 시장 데이터 분석이다. 이를 통해 방대한 양의 시장 데이터를 분석하고, 소비자 트렌드 및 시장 요구를 파악해 신제품 아이디어를 제안하고 있다. AI를 활용해 다양한 사업 모델 시나리오를 시뮬레이션하고 검증했다.

경제적 효과는, AI 기반 시뮬레이션을 통한 제품 개발 시간 25% 단축과, 프로토타입 개발 및 테스트 비용 15% 절감이다. 또한 시장 진입 가속화로 AI의 예측력으로 시장 변화에 빠르게 대응해 신제품 출시 시간을 30% 단축했다.

파나소닉은 생성형 AI를 활용해 신제품 개발 과정에서 발생하는 다양한 변수와 시나리오를 시뮬레이션했으며, 혁신적 제품을 시장에 빠르게 출시하고 경쟁력을 강화했다.

참고문헌

AI vs. Generative AI: Everything You Need To Know. https://www.digital-adoption.com/ai-vs-generative-ai/.

Bjergegaard, M. & Milne, J.(2013). *Winning Without Losing*. Queen Library Agency, Inc. 김인수 옮김(2014). 『죽어라 일만 하는 사람들은 절대 모르는 스마트한 성공들』. 걷는나무.

Clemente, F.(2023.9.22). Generative AI for time-series. https://pub.towardsai.net/generative-ai-for-time-series-d808cff2c976.

FA 저널(2024.1.25). [칼럼] 글로벌 산업 트렌드 '생성형 AI'가 제조 산업에 미치는 영향, ≪인더스트리뉴스≫, https://www.industrynews.co.kr/news/articleView.html?idxno=52199.

Generative AI vs. predictive AI: Let's understand the difference. :https://www.educative.io/blog/generative-ai-vs-predictive-ai.

How People Are Really Using GenAI - Harvard Business Review. https://hbr.org/2024/03/how-people-are-really-using-genai.

Matsuo, Y.(2015). *Artificial Intelligent and Deep Learning*. Kadokawa Corporation. 박기원 옮김(2015). 『인공지능과 딥러닝』, ㈜동아엠앤비.

Traditional AI Vs. Generative AI: What's the Difference?. https://visionx.io/blog/traditional-ai-vs-generative-ai/.

07
AI 솔루션 도입 기준

기업은 가치 창출을 극대화하고 그 성과를 사회에 환원해야 한다. 이를 위해 글로벌 시장에서 이미 검증된 솔루션들을 활용하는 것이 중요하다. 자체 기술 내재화에 시간을 들이기보다는 이러한 솔루션들을 빠르게 도입해 경쟁사보다 우위를 확보해야 한다. 누가 먼저 경제적 효과를 실현하고 QCD 효율성을 높여 더 많은 판매를 이루느냐가 기업의 지속 가능성을 좌우한다.

AI와 윤동주?

제조 기업의 AI 도입 성공 조건

제조 기업에서 AI 기술을 성공적으로 도입하기 위해서는 여러 가지 전제 조건이 필요하다. 첫째, 데이터 인프라 구축이다. AI 기술은 대량의 데이터에 의존하기 때문에, 제조 기업은 데이터를 수집·저장해 체계적으로 관리할 수 있는 AAS(Asset Administration Shell) 기반의 데이터 인프라를 구축한다. 이를 위해 센서 설치, IoT 기술 도입, 클라우드 스토리지(Cloud Storage) 등 데이터 관리 시스템이 필요하다. 제너럴 일렉트릭(GE, General Electric)은 제조 공장에서 생산 공정에 센서를 설치하고, 이를 통해 실시간으로 데이터를 수집·저장한다. 이러한 데이터는 클라우드에 저장되며, GE는 이를 바탕으로 AI 모델을 학습시켜 예지 정비(predictive maintenance)를 수행한다.

둘째, 적절한 AI 모델 및 알고리즘 기반의 솔루션의 선택이다. 각 제조업체의 특성에 맞는 AI 모델 및 알고리즘을 선택하고 이를 최적화한다. 이는 도메인 지식과 데이터 과학 지식을 모두 요구해, 글로벌 시장에서 검증된 솔루션을 선택한다. 지멘스(Siemens)는 산업 자동화와 디지털화 솔루션을 제공하면서, 자사의 AI 연구소를 통해 제조 과정에 특화된 AI 모델을 개발하고 있다. 이를 통해 공정 최적화와 품질 관리에 AI를 활용하고 있다.

셋째, 인력의 전문성 확보다. AI 기술 도입을 위해서는 이를 이해하고 운영할 수 있는 전문 인력이 필요하다. 데이터 과학자, AI 엔지니어, 그리고 제조업 전문 지식을 가진 인력의 협업이 중요하다. 기술 내재화가 어려운 기업은 외부 전문가와 협업하는 체계가 필요하다. BMW는 사내에서 AI 전문가를 양성하기 위해 'AI 교육 프로그램'을 운영하고 있다. 이를 통해 직원들은 AI 기술의 기본 원리부터 실제 적용 사례까지 학습하며, 생산 공정에서 AI 기술을 효과적으로 도입하고 있다.

넷째, 문화적 변화와 조직의 수용성이다. AI 기술 도입은 기존 작업 방식의 변화를 요구하기 때문에, 조직 문화 측면의 변화와 직원들의 수용성이 중요하다. 이를 위해 내부 교육과 변화 관리가 필요하다. 도요타(Toyota)는 '카이젠(Kaizen)'이라는 지속적인 개선 문화를 바탕으로 AI 기술을 도입했다. 직원들이 AI 기술을 수용하고 적극적으로 개선 활동에 참여할 수 있도록, 교육과 워크숍을 통해 AI 기술의 중요성과 활용 방법을 공유한다.

다섯째, 보안 및 윤리적 고려 사항이다. AI 기술 도입 시 데이터 보안, 개인정보 보호, 윤리적 이슈를 충분히 고려해야 한다. 이를 위해 데이터 보호 정책 수립과 법적 규제 준수가 필요하다. 보쉬(Bosch)는 AI 기술 도입 시 데이터 보안과 윤리적 측면을 철저히 관리한다. 이들은 "AI 윤리 가이드라인(Guideline)"을 제정하고, 모든 AI 프로젝트가 이 가이드라인을 준수하도록 하고 있다.

이러한 전제 조건들을 충족하면 제조 기업은 AI 기술을 효과적으로 도입하고, 이를 통해 생산성 향상, 비용 절감, 품질 개선 등의 혜택을 누릴 수 있다.

운영 AI: 효율성과 품질 혁신의 새로운 길

운영 효율성은 가용성을 높이고, 품질을 개선하며, 라인 성능을 향상하고, 생산을 지속적으로 실행하는 것을 목표로 한다. 이를 위해 기업은 필요한 역량을 극대화하고 지속적인 성장을 추구한다. 그러나 프로세스와 장비가 더욱 복잡해지면서 기존의 규칙 기반 진단 접근 방식으로는 더 이상 이점을 얻기 어려워졌다.

AI는 수많은 변수 간의 관계를 찾고 이러한 패턴을 시각화하는데, 더 효과적인 데이터 기반 접근 방식을 통해 운영 목표를 달성하기 위한 대안 경로를 제공한다. 그동안 센서 기반의 응용 소프트웨어와 데이터 과학(Data Science) 방식은 예측 분석에 널리 사용해 왔다. 그러나 운영 AI(Operational AI)는 이 두 가지 접근 방식의 단점을 완화하고 ChatGPT와 융합하려는 새로운 접근 방식을 도입했다.

운영 AI는 명시적 규칙이나 기준을 사용하는 대신 과거 작동 실적의 예를 사용해 경험적으로 문제를 해결한다. 더 복잡한 생산 환경과 전통적 기술로는 해결할 수 없었던 미묘한 문제를 처리한다. 운영 AI는 머신러닝, ChatGPT를 사용해 대량의 데이터를 활용함으로써 중요한 의사 결정을 내리는 통찰력을 생성하고, 사람이 쉽게 이해할 수 있게 안내한다. 예를 들어, 유지 관리 수행 시기나 제어 범위 내에서 프로세스 매개 변수 조정 결정에 도움을 주고, 변수를 조정 방법을 제시한다.

AI의 지도 학습은 정확하지만, 제조 현장에서 적용하기에는 한계가 있다. 이유는 고장이나 품질 불량이 발생했을 때 전문가마다 보는 시각이 달라 정확한 근본 원인을 찾아 라벨을 붙이기 어렵기 때문이다. 이를 해결하기 위해 준지도 학습을 통해 소수의 라벨링된 데이터로 대량의 데이터를 학습해 정확한 기준 머신러닝 모델을 만들고, 재발하지 않도록 패턴을 예측한다. 이러한 패턴 기능은 사용자가 머신러닝 알고리즘을 이해하거나 소프트웨어 코드를 개발할 필요 없이 의미 있는 패턴을 신속하게 발견할 수 있게 한다.

운영 AI는 프로세스 엔지니어와 데이터 분석가를 대상으로 해 특정 이벤트 및 알려진 조건을 연구하고 지속 모니터링하거나 영구적 수정 사항을 찾기 위한 근본 원인 분석을 수행할 수 있다. 또한 사용자의 설정이나 감독 없이 정상적인 작동 동작과의 편차를 체계적으로 식별해 개별 신호 및 신호 그룹의 이상 현상을 자동으로 탐지하는 통찰력도 있다. 이를 위해 자기 지도 학습을 사용해 기준 머신러닝 모델을 만들고 가동 중 지속해 업데이트한다.

이를 통해 그동안 발생하지 않았던 새로운 설비 고장, 공정 및 품질 이상을 예측할 수 있으며, AI는 이러한 이상 현상에 대한 우선순위를 자동으로 지정해 사용자가 보다 효과적으로 문제를 파악하고 대응할 수 있도록 돕는다.

운영 AI 접근 방식은 기존 운영팀이 특별한 데이터 과학 교육이나 AI 프로그램 코딩(Program Coding) 없이도 마우스 클릭 & 클릭(Mouse Click & Click)으로 자동 코딩하고 자동으로 예측 모델을 생성해 사용한다. 이는 기술적으로 어려운 데이터 처리, 기능화, 모델 선택 단계를 자동화해 해당 분야 전문가가 빠른 반복으로 유용한 결과를 얻을 수 있게 한다. 운영 AI 구현은 데이터 소스에

관계없이 시계열 데이터에서 중요한 패턴을 찾는 기술에 중점을 둔다. 이를 통해 여러 공급업체에서 공급한 신규 및 기존 장비에 단일 접근 방식을 사용한다.

이 접근 방식은 지능형 AI 우선을 강조하며, 공장 전체의 광범위한 과거 고품질 데이터를 보유하지 않은 경우에도 실시간 생산 데이터를 사용해 운영 통찰력을 얻는다. 이러한 통찰력은 최종 사용자의 컴퓨터에 전달되어 강력한 의사 결정 지원 시스템을 가능하게 한다.

운영 AI는 제조 기업이 복잡한 생산 환경에서 효율성을 높이고, 품질을 개선하며, 생산성을 극대화하는 데 중요한 도구가 될 것이다.

디지털 성숙도로 가는 더 빠른 길

운영 AI를 도입한 제조 기업은 5가지 수준의 디지털 성숙도를 가진다. 각 레벨에서는 기업 전체의 역량 개발을 지원하는 자동화 · 스마트화를 통해 새로운 레벨로 진입하기 위한 정교한 전략적 실행이 필요하다.

특히 지능 AI 우선 사고방식으로 사용하기 쉬운 운영 AI 기술을 구현하면 1~2레벨을 건너뛰고 수년간의 노력을 절약하며 예상보다 훨씬 빨리 가치를 실현할 수 있다.

레벨 1: 생산 수준

이 단계에서는 운영팀이 제어 또는 모니터링을 위한 다양한 측정 데이터를 생성한다. 기본적인 데이터 수집 · 저장이 이루어지지만, 이 데이터를 활용하는 데는 한계가 있다.

레벨 2: 개선 수준

이 단계의 기업은 레벨 1에서 생성된 데이터를 사용해 운영 개선을 위한 분석 툴(Tool) 도입에 투자한다. 데이터 분석 툴을 통해 이론적 수학 모델을 사용하거나, 규칙 기반의 알고리즘을 사용해 실시간 평가와 경고를 생성한다. 그러나 개선 단계만으로 실질적 가치를 창출하는 기업은 드물다.

레벨 3: AI 학습 수준

이 단계에서는 운영 AI 솔루션을 적용해 지속적인 개선 및 프로세스 엔지니어의 능력에 따라 운영 데이터에서 심층적 통찰력을 얻는다. 이를 통해 고장이나 품질 이상을 예측하고 경제적 가치를 창출할 수 있다.

레벨 4: 예측 수준

이 단계에서 기업은 레벨 3의 성공적인 AI 적용 사례를 기반으로 미래의 공정 작동 상태를 예측할 수 있는 변수를 만든다. 실시간 데이터를 AI 기반 예측 분석 솔루션에 송신해 운영 데이터의 기준 패턴 모델을 지속 분석·판단하며 이상 상태를 자동으로 경고한다. 이 통찰력은 운영 전문가에 의해 쉽게 검증되며, 동일한 AI 솔루션을 다른 공장에 확산 적용할 수 있는 전제 조건이 된다.

레벨 5: 최적화 수준

이 단계에서는 기업이 향상된 가용성, 안정성, 품질 등의 이점을 달성하기 위해 레벨 4의 실행 가능한 통찰력에 우선순위를 둔다. 상황에 맞는 정보를 단일 인터페이스로 통합하고, 예측된 이벤트, 실행된 조치, 전문가 참여, 이벤트 확인 비율 등의 측면에서 운영의 우수성을 평가한다. 지속적인 개선은 예측 운영 우수성 문화를 통해 가치 사슬 전반에 걸쳐 추진된다.

운영 AI는 올바른 기술과 운영 노하우를 결합해 1~2 레벨을 건너뛰고 예측 운영 우수성을 달성하는 과정을 가속한다. 이를 통해 제조기업은 디지털화한 운영의 지속적인 개선을 이루고, 빠르게 경제적 가치를 실현하며, 경쟁력을 강화할 수 있다. 성공적인 AI 도입과 활용은 조직의 디지털 성숙도를 높이고, 미래의 성장과 발전을 위한 견고한 기반을 제공한다.

참고문헌

김성진(2019). 『시계열 데이터베이스를 활용한 IoT 데이터 처리의 모든 것』, ㈜북랩.

엔도 이사오(2007). 『마에루카 경영전략』, ㈜황금나침판.

이상진(2020). 『비즈니스리더를 위한 AI활용법, 교양으로서의 인공지능』. 시크릿하우스.

한석희 외(2016). 『4차 산업혁명, 어떻게 시작할 것인가』, 페이퍼로드.

매킨지. Building an effective analytics organization. https://www.mckinsey.com/industries/financial-services/our-insights/building-an-effective-analytics-organization, McKinsey&Compnay

엔도 이사오(遠藤 功)(2007), 見える化 (Mieruka)経営戦略, 김재협 옮김, 『마에루카 경영전략』, ㈜황금나침판.

Falkonry Company Home page 'Operation AI'. https://falkonry.com/operational-ai/

08
제조업 CEO의 준수 사항

제조업 CEO가 AI 기술을 도입해 경제적 가치를 창출하는 빠른 길은 글로벌 시장에서 검증된 솔루션을 도입하는 것이다. 시장에 없는 AI 기술을 스타트업과 개발, 상품화해 솔루션 기업으로 전환하고 기술을 내재화해 시장 지배력을 향상한다. 이를 통해 기존 생산 제품을 안정적으로 생산하면서 경쟁사 대비 차별화한 제품과 솔루션 판매 기업으로 발전해 간다.

AI와 한의학?

AI 도입을 위한 AAS 데이터 표준화

AI 솔루션을 적용해 경제적 가치를 얻으려면 제조 데이터의 품질에 전적으로 의존해야 한다. GIGO(Garbage In Garbage Out) 원칙에 따라, 부정확한 데이터를 입력하면 부정확한 결과를 출력하게 된다. 따라서 AI 도입을 서두르기보다는 장기 전략으로 공장에서 생성되는 모든 데이터를 체계적으로 표준화해 고품질의 데이터를 저장한 후 AI와 디지털 트윈을 도입하는 것이 중요하다.

2023년 10월, AAS(Asset Administration Shell, 자산 관리 쉘) IEC 63278이 국제 표준으로 제정되었다. AAS는 물리적 자산을 디지털 트윈으로 표현하기 위한 데이터 모델로, 데이터를 생성, 상호 연결, 모델링하는 데 사용된다. 기존 공장에서는 여러 장비 중 하나가 고장 나 새로운 메이커 제품으로 교체하면 공장 전체를 다시 시운전해야 했다. 그러나 AAS 데이터 모델을 사용하는 공장이라면 새로운 장비도 시운전 없이 바로 생산할 수 있는 '플러그 앤드 프로듀스 (Plug & Produce)'의 개념을 실현할 수 있다. 소프트웨어 정의 자율 생산공장(SDM, Software Defined Manufacturing)을 구축하려면 반드시 표준화한 AAS 데이터 모델 사용을 권장한다.

AAS 데이터 표준체계 구축 단계는 다음과 같다.

1단계: AAS 데이터 모델 이해 및 교육

AAS 표준을 이해하고 구현할 수 있는 외부 전문가의 지도로 AAS 관련 국제 표준과 데이터 모델에 대한 교육을 통해 직원들의 인식을 높인다.

2단계: 데이터 수집·저장 및 구조화

공장 내 모든 데이터를 인벤토리(Inventory)화해 어떤 데이터가 있으며 어떤 데이터가 필요한지 파악한다. 수집된 데이터를 AAS 표준에 맞게 변환하고, 설비 분류 체계에 데이터를 연결해 구조화한다.

3단계: AAS 시스템 설계 및 구축

공장을 디지털 트윈으로 만들기 위해 AAS 데이터 모델을 설계한다. 여기에는 설비의 모든 속성과 기능을 포함하며, AAS 데이터 모델을 운영하기 위한 IT 인프라를 구축한다.

4단계: 데이터 통합 및 관리

다양한 소스에서 수집된 데이터를 AAS 표준에 맞게 통합한다. 이는 ERP, MES, Process Computer, SCADA 시스템 등과의 통합을 포함하며, 표준 데이터의 품질을 유지하고 보안성을 확보하기 위한 데이터 관리 정책을 수립한다.

5단계: 디지털 트윈 구축 및 운영

AAS를 기반으로 설비의 디지털 트윈을 생성한다. 이는 물리적 설비의 가상 모델로, 실시간 데이터를 반영해 운영 효율성을 극대화한다. 이를 통해 새로운 가치를 창출할 수 있다.

AAS 표준체계를 구축하고 실행하는 것은 제조 기업이 빅데이터와 디지털 트윈으로 새로운 가치를 창출하고, 데이터를 체계적으로 관리 · 활용하는 데 필수다. 이를 위해서는 철저한 계획과 준비, 지속 관리가 필요하다. 데이터 품질을 보장하고 표준화를 실현해 AI 도입의 효과를 극대화하고, 글로벌 경쟁에서 우위를 점할 수 있다.

구독 경제 모델로 변화하는 투자 전략

기업에서 장비를 도입할 때는 구매사양서를 작성해 구매 · 설치 · 가동하며 운영 및 유지 보수를 수행하고, 수명을 다할 때까지 영구 라이선스 방식으로 도입한다. 그러나 AI 솔루션은 이와 달리 가동 후에도 2~3년간 데이터 전문가와의 지속적 관계를 유지하며 매년 라이선스 비용을 내는 방식으로 한다. AI 솔루션 도입 시 사업 기획, 데이터 수집 · 저장 인프라 구축, 솔루션 적용까지 최소 3년이 걸린다. 이 기간에 경제적 효과는 거의 없고,

가동 후 성과 창출이 시작된다. CEO는 장비 도입과는 다른 전략적 접근이 필요하다. 이제는 구독 경제 모델을 고려해 초기 투자 비용을 줄이고, 지속적인 성능 향상과 경제성을 높이는 투자 방식으로 전환한다.

그리고 회사 내 모든 전산 자원을 클라우드 컴퓨팅으로 전환하는 구독 서비스 모델을 도입한다. 자사 전산실의 컴퓨터 대신 클라우드 컴퓨팅을 사용해 필요한 그래픽 처리 장치(GPU, Graphic Processing Unit) 자원을 쉽게 활용한다. 여기에 소비되는 전력이 자사의 제품에 탄소 배출량으로 배분되지 않게 한다. AI 솔루션을 영구 구매하는 대신, 구독 서비스 모델을 선택해 초기 투자 부담을 줄이고 연간 또는 월별로 라이선스 비용을 내면서 솔루션 사용에 쉽게 접근할 수 있다. 구독 모델로 제공하는 서비스에는 지속적인 기술 지원과 솔루션 업데이트가 포함된다. 이를 통해 기업은 최신 기술 동향을 따라 업그레이드하고 솔루션의 성능을 최적화할 수 있다.

일부 AI 솔루션 기업은 솔루션의 성과에 따라 비용을 조정하는 성과 기반 계약을 제공한다. 이는 제조 기업이 실질적 가치를 받을 수 있게 도와주며, 성과에 기반을 둔 투자로 효율성을 높인다. 구독 모델은 기업의 변화하는 요구 사항에 유연하게 대응할 수 있다. 필요에 따라 사용자 수를 확장하거나 줄이거나, 기능을 추가하거나 제거할 수 있는 유연성이 있다.

이러한 접근 방식은 초기 투자를 줄이고 기업이 실질적인 성과를 확인할 수 있는 기간을 두면서도, 지속적인 기술 혁신과 개선을 유지할 수 있는 효율적인 방법을 제공한다.

AI 솔루션 선택을 위한 전략적 접근

우리 기업에 AI 솔루션을 어떤 기준으로 선택할까? 첫째, 기업의 전략적 목표와 부합하는지 확인한다. AI 솔루션을 선택할 때는 기업의 전략적 목표와 부합하는지를 우선 고려한다. 예를 들어, 생산 공정의 안전성, 품질 개선, 에너지 절감 등의 목표를 설정하고 이에 부합하는 AI 솔루션을 선택한다.

둘째, 다양한 데이터 소스와 호환성이다. 다양한 공정에서 발생하는 데이터를 통합해 종합적인 분석을 할 수 있는 AI 솔루션을 선택한다. 이는 공정의 여러 단계에서 발생하는 데이터를 실시간으로 수집하고 분석해 문제를 사전에 예측하는 데 중요하다.

셋째, 자동화 및 실시간 모니터링 기능이다. AI 솔루션은 자동화한 기능과 실시간 모니터링 기능을 제공한다. 이를 통해 문제가 발생하기 전에 경고를 발생하거나, 데이터의 이상을 감지해 조치할 수 있다.

넷째, 머신러닝 및 예측 분석 기능이다. AI 솔루션은 머신러닝 알고리즘을 기반으로 한 예측 분석 기능을 갖추어야 한다. 과거 데이터를 기반으로 향후 문제나 고장을 예측하고, 최적의 운영 전략과 ChatGPT를 사용해 사용자가 쉽게 판단하고 조치할 수 있도록 제안할 수 있어야 한다.

다섯째, 검증된 솔루션과 협업이다. 기술 내재화보다는 신뢰할 수 있는 외부 전문 기업과의 협업으로 검증된 AI 솔루션을 선택하는 것이 좋다. 외부 전문 기업은 해당 분야의 전문 지식과 최신 기술을 보유하고 있어, 효과적인 솔루션을 제공할 수 있다.

여섯째, 비용 대비 효과 분석이다. 선택한 AI 솔루션의 비용 대비 효과를 분석한다. 초기 투자 비용뿐만 아니라 장기적인 운영 비용과 성과를 고려해 최적의 솔루션을 선정한다.

이러한 방법들을 고려해 AI 솔루션을 선택하면, 기업은 단일 문제 해결이 아니라 다양한 공정 전체의 문제를 사전에 예측하고 해결할 수 있는 능력을 갖출 수 있다.

제조업 CEO가 AI에 대한 명확한 개념을 가지고 클라우드 기반의 플랫폼을 사용해 성공한 사례는 여러 곳에서 확인할 수 있다. 이러한 사례들은 AI 솔루션 선택 기준을 가지고 경영해 경제적 가치를 어떻게 창출하는지를 보여 준다. 다음은 몇 가지 대표적인 사례다.

헨켈: 클라우드 기반 AI 솔루션 도입으로 생산성 및 품질 향상

헨켈(Henkel)은 접착제, 세정제, 화장품 등을 생산하는 글로벌 기업으로, 다양한 제품 라인과 복잡한 제조 공정을 보유하고 있다. 이에 따라 CEO는 기업의 전략적 목표에 부합하는 생산성 향상과 품질 개선을 실현하기 위해 AI 솔루션 도입을 추진했다. 이를 위해 다양한 데이터 소스와 호환성을 갖춘 AI 솔루션을 선택해 공정 데이터, 품질 데이터, 에너지 소비 데이터를 통합해 종합적으로 분석할 수 있게 했다. 또한 클라우드 기반 AI 플랫폼을 도입해 실시간으로 공정을 모니터링하고, 자동으로 이상 상태를 감지하도록 했다. 머신러닝 및 예측 분석 기능을 활용해 품질 문제와 공정 효율성을 예측하고 최적화했으며, 검증된 솔루션과 협업하여 마이크로소프트 애저(Microsoft Azure)와 같은 클라우드 플랫폼을 사용해 AI 솔루션을 구현했다.

비용 대비 효과 분석으로 도입 초기부터 비용 대비 효

과를 자세히 분석해 투자 결정을 내렸다. 주요 성과는 AI 기반의 공정 최적화를 통한 생산성 15% 이상 증가, 품질 문제의 20% 감소에 따른 고객 만족도 향상이었다. 에너지 소비도 10% 절감해 비용을 줄였다. 경제적 가치 창출로 전반적인 운영 비용을 줄이고, 생산성 향상으로 매출이 증가했다.

언더아머: 클라우드 기반 AI로 소비자 맞춤형 제품 개발

언더아머(Under Armour)는 스포츠 의류와 신발 제조업체로, 고객의 요구에 맞는 맞춤형 제품 개발을 위해 AI를 도입했다. CEO의 전략은 기업의 전략적 목표와 부합하는 고객 맞춤형 제품 개발과 시장 점유율 확대를 목표로 한 AI 솔루션 도입이다. 다양한 데이터 소스와 호환성을 위해 고객 데이터, 판매 데이터, 생산 데이터를 통합해 분석할 수 있는 AI 솔루션을 선택했다. 클라우드 기반 AI 플랫폼을 도입해 실시간 고객 피드백을 모니터링하고 제품 개발에 반영했다. 머신러닝과 예측 분석 기능으로 고객의 구매 패턴을 분석해 맞춤형 제품을 제안하고, 판매 전략을 최적화했다. 검증된 솔루션과 협업으로 IBM Watson과 같은 검증된 AI 플랫폼을 사용해 솔루션을 구현했다.

비용 대비 효과 분석으로 도입 초기부터 비용 대비 효과를 자세히 분석해 투자 결정을 내렸다. 주요 성과는 맞춤형 제품 개발에 따른 로 고객 만족도 25% 증가, 맞춤형 제품 판매에 따른 매출 18% 증가였다. 그리고 고객 맞춤형 전략으로 시장 점유율이 10% 증가했다.

참고문헌

함유근 · 채승병(2012). 『빅데이터, 경영을 바꾸다』. 삼성경제연구소.

Heidel, R. et al.(2019). *The Reference Architecture Model RAMI 4.0 and the Industries component, Plattform Industrie 4.0.* 김유철 외 옮김(2020). 『인더스트리4.0』. 호이테북스.

Daugherty, P. R. et al.(2018). *HUMAN + MACHINER: Reimagining Work in the Age of AI.* Accenture Global Solution Litmited. 메타넷글로벌 이혜진 옮김(2019). 『휴먼+머신 AI 시대의 업무를 새롭게 상상하다』. 멕그로힐에듀케이션코리아 유한회사.

09
AI 스타트업 CEO의 준수 사항

CEO는 "나의 고객은 글로벌 기업이다"라는 비전을 바탕으로 기업 문화를 구축해야 한다. 한 대기업의 특정 공정에 제조 전문가와 협력해, 다양한 공장에 적용할 수 있고 경제적 가치를 창출하는 차별화된 솔루션을 개발한 후, 이를 다른 공정으로 확산시키는 영업 전략이 중요하다. 처음부터 다수의 기업에 판매하려는 시도는 매우 어렵고, 오히려 지속적인 성장을 저해할 수 있다.

AI와 화장품?

OT, IT, DT 전문가 협업

AI 솔루션 스타트업의 창업은 "나의 핵심 역량과 부족한 역량이 무엇인가"를 판단하고, 부족한 역량을 어떻게 확보할 것인가를 해결하는 것이 성공의 핵심이다. 제조 경험이 풍부하고 OT(Operation Technology) 운영 기술을 잘 알고 있는 CEO라면, 부족한 기술은 IT(Information Technology)와 DT(Data Technology)일 것이다. IT 인력은 시장에 많지만, DT 전문가는 드물어 확보가 쉽지 않다.

대부분 AI 스타트업은 대학에서 다양한 AI 알고리즘을 배운 학생이나 교수가 창업한다. 이들의 핵심 역량은 DT이며, IT 인재를 모집해 사업을 시작하고 제 조기업에 적용 시험을 진행한다. 자금이 부족해 정부 R&D 과제를 통해 개발하고, 벤처 투자 Series A, B를 받아 사업을 확장한다. 그러나 세계 솔루션 공급자들은 OT 전문가를 중심으로 IT, DT 전문가들이 협업해 2~3년 동안 개발한 솔루션을 다양한 산업 분야에 적용해 판매한다.

2017년 미국 오바마 정부 시절, OT, DT, IT의 공통분모를 잘 이해하고 경제적 가치를 빠르게 창출하는 사람을 데이터 과학자(Data Scientist)로 정의했다. OT 전문가가 IT, DT 교육을 받고 협업했을 때 가장 성공적인 솔루션과 경제적 가치를 창출할 수 있다는 것을 확인했다. 오픈소스 라이브러리를 사용해 개발한 솔루션이 현장에서 지속 사용할 수 있는지 고민한다.

많은 AI가 경제적 가치를 창출하고 있다고 하지만, 제조 공장에서 AI를 통해 경제적 이득을 얻기는 어렵다. 제조 공정 특성에 적합한 AI 알고리즘을 선택하고, 데이터 전처리, 후처리를 통해 소프트웨어 수정 없이 바로 적용할 수 있는 솔루션이 필요하다. 국내 스타트업의 소프트웨어는 단순 문제 해결형으로 끝나는 경우가 많다. 이는 개발 인건비 대비 경제성이 부족하고, 영업 능력이 부족해 재판매가 어려운 이유다.

애플 시리(Apple Siri) AI 비서를 개발한 전문가 중 한 명인 애덤 체이어(Adam Cheyer)는 “AI 알고리즘을 개발하는 것보다 공정 특성을 이해하고 최적의 AI 알고리즘을 찾아 적용하기가 더 어렵고 시간이 많이 소요된다”고 말했다. 애덤 체이어는 시리의 공동 창립자로, 이후 바이브랩(Viv Labs)을 공동 창립해 삼성의 빅스비 AI 어시스턴트(Bixby AI Assistants) 개발에도 기여했다. 그는 AI 기술을 개발하는 과정에서 공정 특성을 이해하는 것이 얼마나 중요한지 강조하며, 이는 단순히 알고리즘을 개발하는 것보다 훨씬 복잡하고 시간이 많이 소요되는 작업이라고 설명했다(Berkeley News, 2023.7.14). 체이어의 이러한 통찰은 AI 기술이 단순한 기술적 문제를 넘어 도메인 지식과 실제 적용에 대한 깊은 이해가 필요하다는 것을 잘 보여 준다.

이스라엘은 OT 전문가가 사업 계획서를 갖고 AI 알고리즘 DT 전문가 앞에서 설명하면, 최적의 AI 알고리즘을 찾아 공장에 적용 및 검증하고, 글로벌 시장에 판매한다. 이익금 일부는 AI 알고리즘 참여자와 테스트베드(Testbed)를 제공한 제조 기업과 공유하며, 지속적인 업그레이드를 통해 세계 시장을 선점해 간다.

한국에서는 스타트업이 개발한 솔루션을 적용할 테스트베드 기업이 부족하다. 다양한 알고리즘 전문가들과 협업하고, 제조 기업의 데이터를 사용해 성능을 검증하고 이익을 공유하는 개념으로 사업 계획을 수립한다. 따라서 혼자 개발한 솔루션보다는 OT, IT, DT의 전문 기술을 결합해 최신 기술을 적용하고, 세계 제일의 솔루션을 개발하는 것을 목표로 한다.

부족 역량을 보유한 기업과 협업

AI 스타트업이 제조 기업에 솔루션을 제공하려 할 때, 많은 기업은 AI 도입 준비가 돼 있지 않다. AI 솔루션을 공급하려면 데이터 수집 · 저장, 분석 · 활용 단계까지 전반적인 지원이 필요하다. 그러나 스타트업이 고객사의 설비와 공정에서 측정되는 데이터 수집 · 저장을 표준화하고 플랫폼 인프라를 구축해 문제 해결 솔루션을 적용하려는 접근 방식은 시스템 통합(SI, System Integration) 사업으로 전락할 위험이 있다. 이러한 방식은 비용 대비 사업성이 부족해 경영에 어려움을 초래할 수 있다. 따라서 스타트업은 AI 기술 설계와 개발에 핵심 역량을 집중하고, 부족한 역량을 보완할 수 있는 SI 전문 기업과의 협업 전략이 필요하다. 이를 통해 글로벌 시장으로 확장할 수 있다.

중소 제조 기업에는 특히나 AI를 적용하기에 어려움이 많다. 중소기업은 먼저 자동화와 체계적인 데이터 수집 · 저장이 필요하기 때문이다. 반면 철강, 정유, 석유화학, 시멘트, 발전 등 연속 프로세스 산업은 이미 프로세스 자동화와 저장 데이터가 풍부하다. 따라서 스타트업은 먼저 연속 프로세스 산업에 AI를 적용해 성공한 후, 이를 바탕으로 조립 산업으로 확장하는 전략을 취하는 것이 좋다.

스타트업은 영업력이 약하기 때문에 하나의 대기업을 중심으로 한 공정에 성공해 다른 모든 공정에 확산하는 영업 전략이 필수다. 대기업은 기술 내재화를 위해 자사의 전문 인력을 스타트업과 협업해 한 공정에서 성능 검증과 경제적 가치 창출을 확인한다. 검증된 솔루션은 다른 공정에 확산하면서 다양한 환경의 공정에 자율 학습을 적용해 새로운 기술을 융합함으로써 경제적 가치를 창출하게 한다. 여기서 핵심은 제조 기업에 내재화한 인력은 기술 한계와 순환 근무로 지속성이 없다는 점이다. 따라서 지속적으로 전문 기업과 협업하지 않으면 1년 뒤 사장될 위험이 크다.

스타트업은 대기업의 공정에 AI를 성공적으로 적용하고 이를 동일 기업 내 다른 공장으로 확산하면서 경제적 가치를 창출한다. SI는 SI 전문 기업에 맡기고, 스타트업은 핵심 AI 기술에 집중해 연속 프로세스 산업에서 성공한 후, 조립 산업으로 확장하는 것이 중요하다.

AI 스타트업이 AI 핵심 역량 이외의 SI와 같은 부족한 기술을 가진 회사와 협업해 성공한 사례는 여러 곳에서 확인할 수 있다. 이러한 사례들은 AI 스타트업이 SI 전문 기업과 협력해 성공적으로 프로젝트를 수행하고, 글로벌 시장으로 확장한 것을 보여 준다. 다음은 몇 가지 성공 사례다.

스파크코그니션과 플로우서브

스파크코그니션(SparkCognition)은 AI 기반 산업용 솔루션을 제공하는 스타트업으로, 플로우서브(Flowserve)는 글로벌 펌프와 밸브 제조업체다. 플로우서브는 방대한 데이터와 복잡한 공정을 가진 기업으로, AI 도입에 적합한 환경을 가지고 있었다. 전략은 AI 기술 제공과 SI 전문 기업과의 협업이다. 스파크코그니션은 AI 모델을 개발해 플로우서브의 펌프와 밸브 성능을 모니터링하고, 유지 보수 예측으로 고장을 방지하는 솔루션을 제공했다. 또한 SI 전문 기업 협업으로 스파크코그니션은 데이터 수집·통합, 플랫폼 인프라 구축을 위해 SI 전문 기업과 협업했다. 이를 통해 플로우서브의 기존 설비와 공정 데이터를 AI 모델에 통합할 수 있었다.

주요 성과는 고장 예측 정확도 향상이다. AI 기반 예측 유지 보수 솔루션을 통해 플로우서브는 설비 고장 예측 정확도가 90% 이상 향상되었다. 예기치 않은 고장을 줄이고 계획된 유지 보수를 가능하게 해 운영 비용을 20% 절감했고, 설비 가동 시간을 최적화해 생산성을 15% 향상했다.

스파크코그니션은 플로우서브와의 성공적 협업으로 다른 산업 분야 확장 기회를 얻었으며, 글로벌 시장에서도 경쟁력을 강화했다.

팔콘리와 테르늄 철강

팔콘리(Falkonry)는 산업용 AI 분석 솔루션을 제공하는 스타트업이고, 테르늄(Ternium)은 철강 제조업체다. 테르늄 철강은 복잡한 제조 공정과 방대한 데이터를 보유하고 있어 AI 도입에 적합한 환경을 가지고 있었다. 전략은 AI 기술 제공과 SI 전문 기업과의 협업이다. 팔콘리는 테르늄의 철강 생산 공정에서 발생하는 데이터를 분석해 공정 최적화와 품질 관리를 위한 AI 솔루션을 제공했다. 팔콘리는 데이터 수집 · 통합, 플랫폼 인프라 구축을 위해 SI 전문 기업과 협력해 테르늄 철강의 데이터 인프라를 강화했다.

주요 성과는 AI 기반 데이터 분석으로 생산 공정을 최적화해 제품 품질이 10% 향상되었고, 공정의 비효율성을 제거하고 최적화해 운영 효율성이 15% 증가했다는 것이다. 또한 불량률 감소와 효율성 증가로 생산 원가를 12% 절감했다.

팔콘리는 테르늄 철강과의 성공적 협업으로 다른 철강 제조업체와의 협업 기회를 확대했으며, 글로벌 시장에서도 입지를 강화했다.

글로벌 시장을 겨냥한 AI 솔루션 개발 전략

글로벌 시장 진입을 목표로 하는 스타트업은 하나의 프로젝트를 실행할 때 개념 설계부터 다양한 고객 요구를 정확하게 분석하고, 유사 공정과 다른 산업에 적용할 수 있게 한다. 이는 단일 문제 해결형 소프트웨어가 아니라 다양한 산업에서 쉽게 적용할 수 있는 솔루션 개발을 목표로 하기 때문이다. 다양한 산업에 적용할 수 있는 AI 솔루션 개발하는 단계는 다음과 같다.

1단계: 데이터 수집·저장 인프라 구축 및 품질 관리

데이터 수집 · 저장 인프라가 구축되고 데이터 품질 관리가 잘 되어 있는지 확인한다. 데이터가 없다면 그 기업과 수행하지 않고, SI 업체와 협업한다.

2단계: 모듈화된 아키텍처 설계

축적된 데이터를 기반으로 다양한 산업의 요구사항을 충족할 수 있도록 모듈화된 아키텍처를 설계한다. 외부 시스템과의 통합이 쉽도록 RESTful API 또는 GraphQL API를 활용한다.

3단계: 머신러닝 및 AI 모델 개발

사용자가 클릭 & 클릭으로 문제를 정의하고 데이터를 선정해 모델을 자동으로 학습할 수 있도록 Auto ML, ML OPS 도구와 방법론을 사용해 솔루션을 통합한다. 다양한 문제 유형에 대응할 수 있는 머신러닝 및 딥러닝 모델 라이브러리를 구축하고, 산업별로 최적화된 모델을 제공할 수 있게 준비한다.

4단계: 사용자 인터페이스 및 사용자 경험(UX) 설계

쉽게 사용할 수 있는 직관적인 인터페이스(UI)를 설계한다. 데이터 업로드, 문제 정의, 모델 학습 및 평가 등의 과정을 시각적으로 쉽게 이해할 수 있도록 한다.

5단계: 도메인 지식 통합

각 산업에 대한 깊은 이해를 위해 해당 분야의 전문가들과 협력해 도메인 지식을 AI 솔루션에 통합한다. 산업별 규칙, 프로세스, 기준 등을 시스템에 반영해 AI가 산업 특성에 맞게 동작할 수 있게 한다.

6단계: 커뮤니티 및 에코 시스템 구축

개발자와 사용자 간의 AI 커뮤니티를 구축해 지식 공유와 협력을 촉진한다. 지속적인 학습과 개선으로 모델을 정기적으로 업데이트하고, 다양한 산업의 기업들과 파트너십을 맺어 솔루션의 적용 범위를 확대한다.

이와 같은 전략으로 스타트업은 다양한 산업에 적용할 수 있는 유연하고 강력한 AI 솔루션을 개발할 수 있다. 이는 스타트업이 단일 문제 해결을 넘어 다양한 공정 전체의 문제를 예측하고 해결할 수 있는 능력을 갖추는 데 중요한 역할을 한다. 지속적인 협업과 기술 개발로 스타트업은 글로벌 시장에서 경쟁력을 유지하고 성장할 수 있는 기반을 마련할 수 있다.

참고문헌

김옥기(2018). 『데이터 과학, 무엇을 하는가?』. 이지스퍼블리싱(주).

서리빈 · 성상현(2019). 『스타트업 펀드레이징 전략』. 바른북스.

인더스트리뉴스 조창현(2023.12.22),www.industrynews.co.kr, [칼럼] 제조 AI, 공정 특성에 적합한 알고리즘 선택이 성공의 열쇠. https://www.industrynews.co.kr/news/articleView.html?idxno=51907

Berkeley News, Berkeley Talks: Siri creator Adam Cheyer shares secrets of entrepreneurship, https://news.berkeley.edu/2023/07/14/berkeley-talks-siri-creator-adam-cheyer/

Business2Community KR. (n.d.). Jinsu Jung(2023.7.13) Webpage, AI 도입이 어려운 사업체들을 위한 AI 쉽게 적용하는 방법. https://www.business2community.com/kr/tech-news/worried-about-the-difficulty-of-adopting-ai-in-your-business-heres-how-to-make-it-easy-for-everyone.

Redhat 온라인 토픽(2023.3.1), RedHat Korea Homepage, 운영 기술(Operational Technology, OT)이란?, https://www.redhat.com/ko/topics/edge/what-is-ot#ot%EC%99%80-it-%EC%9C%B5%ED%95%A9

Westerman, G., et al.(2014). Leading Digital: Turning Technology into Business Transformation. Harvard Business Review Press. 최경은 옮김(2017). 『디지털 트랜스포메이션』. e비즈북스.

10
AI와 조직 문화의 벽

기업은 개인에서 협업 중심으로 새로운 것과 융합해 가치를 창출하려는 문화로 전환한다. 부족한 점을 서로 고민해 해결하려는 부서 간 협업력이 그 기업을 글로벌 기업으로 성장하게 만드는 원동력이다. 조직 간의 벽을 허물고, 흩어진 힘을 하나로 묶어 내는 전략이 필요하다. 조직 간 협업해 성공한 결과를 우수한 것으로 평가하고 사내외 전문가들과 협업하는 문화를 만든다.

종교와 AI?

AI 도입 후 실패 기업 80%

매킨지(McKinsey)의 연구에 따르면, AI 기술은 경제적 가치를 창출할 잠재력이 많다. 그러나 많은 기업이 이러한 잠재력을 충분히 활용하지 못하고 있다. 우리는 AI와 사람이 공존하는 새로운 삶의 기준과 질서를 어떻게 만들어 갈 것인지 고민한다. 또한 AI와 인간이 대립하면 이를 어떻게 처리할 것인지도 중요하게 생각한다. AI는 근로자의 업무 효율을 높이고 단순 행정인력을 줄여 공장과 사무실의 전체 인력을 감소할 수 있지만, AI 사용 중 발생하는 기계 고장이나 보안 책임 등의 문제가 있다. 이러한 문제를 해결하기 위해 문서화된 가이드라인을 만들고 AI를 체계적으로 도입하는 문화를 구축해야 한다.

제조 기업에서 AI 솔루션 도입에 실패하는 주요 원인 중 80%는 다음과 같다. 첫째, 데이터 품질 및 관리 문제다. AI 솔루션은 대량의 고품질 데이터가 필요하다. 그러나 많은 기업은 데이터가 부족하거나 정제되지 않았고, 데이터가 서로 다른 시스템에 분산되어 효과적으로 활용하지 못한다. AI를 효과적으로 활용하려면 고성능 컴퓨팅 자원과 적절한 소프트웨어 인프라가 필요하지만, 많은 기업이 이를 갖추지 못하고 있다.

둘째, 기술 내재화의 어려움이다. 최고 경영자가 기술

내재화를 강조하더라도 실질적인 효과를 창출하기 어렵다. 데이터 과학자, AI 엔지니어 등 전문 인력의 확보가 필수이지만, 많은 기업이 전문 인력을 확보하지 못하거나 기존 직원의 역량 부족으로 실패하는 경우가 많다.

셋째, 조직 변화의 필요성이다. AI 도입은 단순한 기술 도입을 넘어 조직 전체의 변화를 요구한다. 그러나 많은 기업이 조직 문화의 저항과 변화 관리 실패로 AI 도입에 실패하고 있다. 대기업은 조직 간 협업이 부족하다. 이러한 고질적 문제를 해결하기 위한 공동 솔루션 도입이 필요하다.

넷째, 불명확한 목표다. AI 도입 목표가 불명확하거나 현실적이지 않은 경우가 많다. 목표가 명확하지 않으면 프로젝트의 방향이 흔들리기 쉽다. AI 도입의 경제적 가치를 명확히 측정하지 못하고, 초기 투자 대비 수익을 정확히 예측하지 못해 도입을 주저하거나 중단하는 경우가 많다.

다섯째, 통합 문제다. 기존 시스템과 AI 솔루션의 통합이 어려워 제대로 작동하지 않는 경우가 많다.

여섯째, 보안 및 프라이버시 문제다. AI 도입 시 데이터 보안과 프라이버시 이슈를 충분히 고려하지 못해 실패하는 경우가 있다. 글로벌 제조 기업은 클라우드 컴퓨팅을 잘 활용해 협업 문제를 해결하지만, 우리나라의 많은 경영자는 자사 전산실에 데이터베이스를 구축하고 솔루션을 가동해야 보안성이 우수하다고 믿는다. 이는 초기 투자 비용과 보안 솔루션 비용이 상대적으로 높아 낭비를 초래할 수 있다.

이러한 문제를 해결하기 위해서는 체계적인 계획 수립, 임직원들의 도전 정신, 신기술 변화 관리 교육이 필요하다. 조직 문화를 수용의 문화로, 미래 지향적인 도전의 문화로 바꾸는 것이 핵심이다. 이를 통해 AI와 사람이 공존하며 경제적 가치를 창출하는 새로운 시대를 열 수 있다.

AI와 인간 협업의 제조 산업 변혁

AI 기술은 제조 산업에서 고용 조직에 큰 변화를 예고하고 있다. AI의 높은 자율성은 인간이 도달할 수 없는 목표나 기능을 달성하게 해, 제조 공장의 생산 설비 자동 제어와 최적화뿐만 아니라 비즈니스 전반에 영향을 미친다. 반복 작업이나 3D 작업을 대체하는 AI는 새로운 직무 프로필과 직무 분야를 창출하며, 인간과 설비 사이의 새로운 협력 형태를 만들어 낸다. 이러한 변화는 장기적으로 전체 고용 구조를 변화시킬 것이다.

AI 역할은 기업 내 모든 데이터를 분석하고 판단해 생산 공정을 최적화하고 품질 관리를 수행하며 예측 유지보수를 하는 것이다. 예를 들어, AI는 제품의 결함을 자동으로 감지하고 분석해 생산 과정을 즉시 조정할 수 있다. 또한 반복적이고 예측할 수 있는 작업을 자동화해 생산성을 향상하고 비용을 절감한다. 로봇팔과 같은 기계를 통해 물리적 작업을 수행하며, 복잡한 데이터를 분석해 인간 결정권자에게 심층적 통찰과 권고안을 제공한다. 이는 전략적 결정을 내리는 데 큰 도움이 된다. 또한 ChatGPT와 협업해 시장의 트렌드와 경쟁사의 동향을 파악하고 새로운 기술과 융합된 제품을 개발하거나 사업 모델을 만들 수 있다.

사람의 역할은 AI 시스템의 작업을 감독하고, 지속적 반복 학습을 시키고, AI가 내린 결정을 최종 승인하며, 예상치 못한 상황에 적절히 대응하는 것이다. ChatGPT는 사용자가 창의적이거나 복잡한 문제를 해결하도록 필요한 데이터를 학습시키고 활용한다. ChatGPT가 제안한 내용을 기반으로 사람은 이러한 문제에 더 나은 해결책을 제시하고 새로운 아이디어를 개발하는 데 중요한 역할을 한다. 모든 제품과 생산을 인간 중심으로 설계하고 운영하는 일 또한 중요하다. 제품 디자인과 개발 과정에서 인간의 감성과 경험을 반영하는 것은 필수다.

AI와 인간의 원활한 협업을 위해서는 사람들의 교육과 훈련이 필요하다. 직원들이 AI와 협력할 수 있게 새로운 기술과 역량을 습득하는 교육 프로그램 제공이 중요하다. 커뮤니케이션과 팀워크 능력을 강화해 기술적 문제뿐만 아니라 윤리적, 법적 문제에도 공동으로 대응할 수 있어야 한다.

AI와 사람의 협업 모델은 공장뿐만 아니라 다양한 산업 분야에서도 적용될 수 있다. 이러한 협업은 친환경적이고 인간 중심적인 접근으로, 경제적 가치와 함께 사회적 가치도 창출할 수 있다. 이 과정에서 사람의 역할은 점점 더 전략적이고 창의적 부분으로 이동할 것이다. AI와 인간의 협력은 제조 산업을 혁신하고, 지속 가능한 성장을 가능하게 할 것이다.

조직 내에서 AI를 도입해 부서 간 협업을 강화하고, 데이터베이스를 통합해 새로운 제품 개발과 문제 해결에 성공한 제조 기업들의 사례는 여러 곳에서 확인할 수 있다. 이러한 기업들은 부서 간의 벽을 허물고, AI를 활용해 협업 문화를 조성해 혁신을 이루어 내고 있다. 다음은 AI와 협업 문화를 통해 성공한 몇몇 제조 기업의 사례다.

존슨앤드존슨: 데이터 통합 및 협업을 통한 혁신

존슨앤드존슨(Johnson & Johnson)은 제약, 의료 기기, 소비재를 생산하는 글로벌 기업으로, AI로 부서 간 협업을 강화하고 있다. 도전 과제는 각 사업부의 데이터가 사일로화(Silo)해 부서 간의 협업과 데이터 공유가 어려운 상황을 해결하는 것이었다. AI 및 데이터 전략으로 먼저 데이터베이스를 통합했다. AI를 활용해 각 부서의 사일로화한 데이터를 통합하고, 중앙 데이터 허브를 구축해 모든 부서가 쉽게 접근하고 활용할 수 있게 했다. 다음에 협업 플랫폼을 도입했다. AI 기반 협업 플랫폼을 도입해 부서 간의 원활한 의사소통과 협업을 지원하고, 데이터 기반의 의사 결정을 촉진했다.

주요 성과는 신제품 개발 가속화였다. 부서 간 데이터 공유와 협업으로 신제품 개발 주기가 30% 단축되었다. 다양한 부서의 전문가들이 데이터를 기반으로 협업해 문제를 해결함으로써, 품질 관련 문제가 20% 감소했다. 혁신 문화 조성과 사내외 전문가와의 협업으로 혁신적 아이디어와 솔루션이 생성되는 문화가 조성되었다.

존슨앤드존슨은 AI와 협업 문화를 바탕으로 의료 기기 개발에 성공했으며, 이는 시장에서 경쟁력을 강화하는 데 기여했다.

P&G: AI 기반의 협업 혁신

P&G(Procter & Gamble)는 글로벌 소비재 기업으로, AI를 활용한 부서 간 협업으로 혁신을 이루어 내고 있다. 도전 과제로 각 브랜드와 제품 라인의 데이터가 개별적으로 관리되어, 전체적인 데이터 통합과 협업이 필요했다. AI 및 데이터 전략으로 먼저 데이터 통합과 분석 플랫폼을 구축했다. AI를 활용해 전사적 데이터 통합 플랫폼을 구축하고, 이를 통해 부서 간 데이터 공유를 활성화했다. AI 기반의 협업 도구를 활용해 부서 간의 벽을 허물고, 공동의 목표 설정과 달성을 위한 협업 문화를 조성했다.

주요 성과는 AI 기반 협업을 통한 신제품 개발 주기의 35% 단축, AI를 통한 데이터 분석으로 시장 변화 대응 속도의 40% 향상이다. 협업을 통한 제품 혁신으로 매출이 15% 증가했다.

P&G는 AI를 활용해 다양한 부서의 데이터를 통합하고, 이를 바탕으로 혁신적 제품을 개발해 시장 경쟁력을 강화했다.

AI의 부상과 미래 직업 시장

AI는 앞으로 더 많은 일을 대신할 것이다. 우리나라에서

AI가 대체할 수 있는 일자리는 전체의 약 13%에 달한다. 전문직 일자리의 소멸 위험이 특히 크다. AI는 데이터 분석, 언어 번역, 이미지 생성 등 다양한 분야에서 그 가능성을 보여 주고 있다. AI의 발전은 일부 직업을 대체하는 동시에 새로운 기술과 역량을 요구하는 직업을 창출할 것이다.

제조 현장에서 AI는 설비 고장을 사전에 예측하고, 생산 공정의 이상 상태를 실시간 감지해 품질 불량, 에너지 낭비, 환경오염을 방지한다. 또한 공급망 데이터를 분석해 수요 예측, 재고 관리, 운송 경로 최적화를 자동화해 리드타임을 단축하고 비용을 절감한다. 로봇 기술을 활용해 위험하거나 반복 물리적 작업을 자동화해 작업 환경을 개선하고 생산성을 향상한다.

사무실에서는 AI 챗봇과 가상 비서가 고객 문의에 자동으로 응답하고, 대량의 문서를 분석하여 업무 효율성을 높인다. AI는 시장 동향, 소비자 행동, 경쟁 분석 등을 통해 전략적 의사 결정을 지원하며, 고객과의 영업 활동도 자동으로 처리해 준다.

AI는 비즈니스 데이터를 분석해 경영진에게 심층적인 통찰을 제공하고, 다양한 시나리오를 시뮬레이션해 잠재적 위험을 평가하며, 위험 관리 전략을 수립한다. 또한 HR 관리에서 직원 성과 분석, 만족도 평가, 인력 배치를 자동화해 효율성을 증가한다.

AI의 적용은 기존 직업을 변화시킬 뿐만 아니라 새로운 직업을 창출한다. 따라서 현재 직업군에서도 AI 기술을 이해하고 활용해 업무 효율성을 높이는 것이 중요하다. 지속적인 학습과 기술 개발은 미래 직업 시장에서 경쟁력을 유지하는 데 필수다.

AI와의 협업은 인간의 창의적이고 전략적인 업무 수행을 가능하게 하며, 새로운 기술과 역량을 요구하는 직업을 창출한다. AI 기술을 이해하고 활용하는 것은 미래 직업 시장에서의 경쟁력을 확보하는 데 중요하다.

참고문헌

김승호(2023). 『사장학 개론』. 스노우폭스북스

박영선 외(2024). 『반도체 주권국가』. ㈜ 나남

신동엽 외(2018). 『4차 산업혁명, 일과 경영을 바꾸다』. 삼성경제연구소.

임채성 외(2021). 『GE의 혁신 DNA』. 호이테북스.

전성철 외(2022). 『4차 산업혁명 시대, 어떻게 일할 것인가?』. 리더스북스.

Building an effective analytics organization | McKinsey https://www.mckinsey.com/industries/financial-services/our-insights/building-an-effective-analytics-organization.

박한구

한국인더스트리4.0협회 명예회장, 스마트엠앤에프그룹 대표다. 인하대 전자공학과를 졸업하고 미국 스티븐슨 공과대학에서 컴퓨터 엔지니어링 석사학위를 받았다. 포스코에서 공장 자동화, 무인화, 스마트화를 위해 Control & IT 시스템의 기술상무로 근무했다(1982~2013). 포스코DX에 스마트팩토리 사업실장으로 재직했고(2014~2017), 한국인더스트리4.0협회 회장(2017~2019), 중소벤처기업부 산하 스마트제조혁신추진단장(2019~ 2022)을 지냈다. 지금은 "친환경, 친인간적인 소프트웨어 정의 자율 생산 체계"의 성숙도 및 평가모델을 만들어 국제인증제도를 만드는 준비위원장이다. 글로벌 시장에서 최고의 성능을 갖는 AI 솔루션을 찾아 국내에 공급 및 컨설팅하는 사업도 하고 있다. 주요 저서로 『스마트공장 수준 단계별 구축 Case 예시』(2021), 『레퍼런스 아키텍쳐 모델 RAMI4.0과 인더스트리4.0 구성요소』(공역, 2020), 『대한민국 제조의 미래: 혁신과 전략』(공저, 2018), 『4차 산업혁명, 새로운 제조업 시대』(공저, 2017) 등이 있다.